Mario Ludwig

Invasion

Mario Ludwig

INVASION

Wie fremde Tiere und Pflanzen unsere Welt erobern

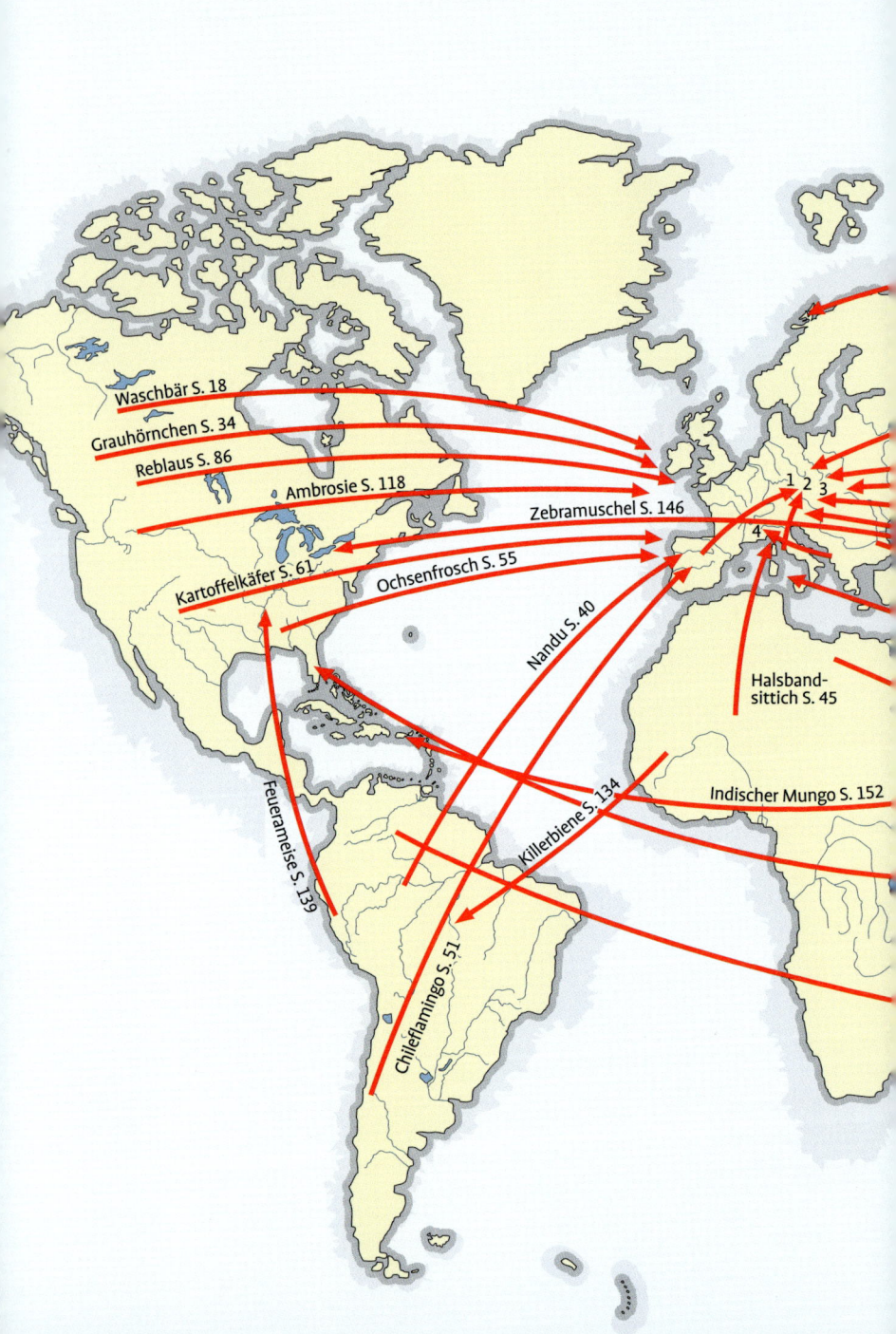

Waschbär S. 18

Grauhörnchen S. 34

Reblaus S. 86

Ambrosie S. 118

Zebramuschel S. 146

Kartoffelkäfer S. 61

Ochsenfrosch S. 55

Nandu S. 40

1 2 3

4

Halsband-
sittich S. 45

Indischer Mungo S. 152

Killerbiene S. 134

Feuerameise S. 139

Chileflamingo S. 51

1 Spanische
Wegschnecke
S. 108

3 Riesen-Bären-
klau S. 112

2 Tauben-
schwänzchen
S. 77

4 Kastanien-
miniermotte
S. 72

Kamtschatkakrabbe S. 103

Marderhund S. 24

Wanderratte S. 28

Wollhandkrabbe S. 98

Asiatischer Marienkäfer S. 67

Halsbandsittich S. 45

Tigermoskito S. 91

Kaninchen S. 165

Caulerpa
taxifolia S. 124

Pharao-
ameise S. 81

Nachtbaumnatter S. 156

Tigerpython S. 130

Dromedar S. 161

Mistkäfer S. 180

Agakröte S. 171

Als Problembär hat
man es nicht leicht.

Invasionen, Migranten und Multikulti

Er war mit Sicherheit der populärste und beliebteste tierische Einwanderer aller Zeiten – und doch musste der Braunbär Bruno seinen Migrationsdrang bereits einen Monat nach seiner Einreise in Deutschland mit dem Leben bezahlen. Der Bär wanderte aus der italienischen Provinz Trentino auf unwegsamen Bergpfaden über die Alpen nach Bayern ein. Weil „JJ1", so der offizielle amtliche Name des pelzigen Zugereisten, in seiner neuen Heimat gleich mehrere Ziegen, Schafe und Hühner getötet hatte, wurde er von der Bayerischen Landesregierung zum „Problembären" erklärt und am 26. Juni 2006 von einer mobilen Eingreiftruppe des zuständigen Landratsamtes erschossen. Aber auch wenn der Bär mit Migrationshintergrund in seiner Wahlheimat Gnade vor Recht gefunden hätte, eine Familie hätte der Zuwanderer aus Italien in Bayern nicht gründen können, denn dazu hätte ihm schlicht und einfach die passende Bärin gefehlt – der letzte deutsche Bär wurde nämlich bereits vor 140 Jahren erlegt.

Echte Einnister

Andere Tiere und Pflanzen waren da in letzter Zeit in Sachen Immigration wesentlich erfolgreicher als unser so schnöde gemeuchelter Meister Petz. Allein wenn wir unsere heimische Fauna und Flora etwas genauer betrachten, stellen wir fest, dass sich dort in letzter Zeit wahrhaft Erstaunliches in Sachen tierischer und pflanzlicher Migration getan hat: Chileflamingos brüten in Nordrhein Westfalen, südamerikanische Nandus machen die Wälder Mecklenburg-Vorpommerns unsicher, bunte Papageien nisten in Großstädten wie Köln und Düsseldorf, amerikanische Ochsenfrösche quaken in den süddeutschen Rheinauen, eine Motte vom Balkan bedroht unsere Biergärten, Kassel hat sich zur europäischen Hauptstadt für

Steile Karriere:
Das Indische
Springkraut
spielt mittler-
weile die Haupt-
rolle an unseren
Flussufern.

nordamerikanische Waschbären gemausert, und auch
der gefährliche asiatische Tigermoskito steht bereits mit
vier seiner sechs Beine in Deutschland.

Aber nicht nur hierzulande, nein, auf der ganzen Welt
sind fremde Tiere und Pflanzen auf dem Vormarsch. Im
Zuge einer – dank Flugzeug, Schiff und Eisenbahn – mittlerweile globalen Mobilität, vor allem aber durch den ständig
zunehmenden weltweiten Austausch von Waren bei immer
kürzer werdenden Transportzeiten, haben sich in den ver-
gangen Jahren zahlreiche Pflanzen und Tiere, meist unter
tüchtiger Mithilfe des Menschen, in für sie völlig fremden
Gebieten angesiedelt. In Gebieten, die oft weit von ihrer
eigentlichen Heimat entfernt sind.

Da sind mittlerweile über eine Million nordafrikanische
Dromedare in Australien ansässig, russische Monsterkrabben sind in Norwegen einmarschiert, südostasiatische Rie-

senwürgeschlangen haben es sich im Ferienparadies Florida gemütlich gemacht, eine Muschel aus dem Kaukasus verursacht in nordamerikanischen Seen Schäden in Milliardenhöhe, und Killeralgen aus dem Pazifik machen sich im Mittelmeer breit. Die Reihe ließe sich nahezu beliebig fortsetzen.

Migranten in der Wissenschaft

Natürlich haben die tierischen und pflanzlichen Migranten in den letzten Jahren auch verstärkt das Interesse der Medien geweckt, wo man sie gerne als Einwanderer, Eindringlinge, Fremde, Invasoren oder gar Aliens betitelt. In der Wissenschaft werden die tierischen und pflanzlichen Neubürger dagegen etwas präziser und wohl auch politisch korrekter als sogenannte Neobiota (Neo = griech. neu) bezeichnet. Dabei wird in Neophyten (Pflanzenarten) und Neozoen (Tierarten) unterschieden. Diese Begriffe stehen für Pflanzen- beziehungsweise Tierarten, die seit 1492 durch den Menschen – absichtlich oder zufällig – in für sie auf natürlichem Wege unerreichbare Gebiete gelangt sind und sich dort erfolgreich fortpflanzen und ausbreiten. Der Vollständigkeit halber seien auch noch die Neomyceten (Pilze) erwähnt, von denen es immerhin schon 41 Arten in Deutschland gibt.

Insgesamt leben mittlerweile rund 1400 fremde Tierarten in der Bundesrepublik Deutschland, dazu kommen noch etwa 350 Pflanzenarten.

In Europa sind, nach einer Studie des EU-Forschungsprojektes DAISIE (Delivering Alien Invasive Species Inventories for Europe), inzwischen mehr als 11000 gebietsfremde Arten ansässig. Bei über der Hälfte davon handelt es sich um Landpflanzen, wirbellose Tiere machen ein Drittel aus. Lediglich fünf Prozent der Neubürger sind Wirbeltiere.

Das Jahr 1492 wurde von den Wissenschaftlern deshalb gewählt, weil die Entdeckung Amerikas durch Christoph Kolumbus allgemein als Beginn einer neuen weltweiten Mobilität der Menschheit angesehen wird. Dadurch verstärkten sich auch die Fernhandelsbeziehungen, was letztendlich dazu führte, dass seitdem besonders viele von Menschen absichtlich oder unabsichtlich transportierte Tiere und Pflanzen in für sie neue Gebiete gelangten.

Echte oder unechte Neubürger?

Wissenschaftlich als Neozoen beziehungsweise Neophyten anerkannt sind allerdings nur solche Arten, die sich in ihrer neuen Heimat auch fest etabliert haben, es also geschafft haben, dort entweder über einen Zeitraum von mindestens 25 Jahren oder über drei Generationen hinweg freilebend zu existieren. So handelt es sich zum Beispiel beim ursprünglich aus Nordamerika stammenden Waschbären, der bereits seit 1934 in Deutschland lebt, um ein „echtes" Neozoon, wohingegen den in regelmäßigen Abständen aus deutschen Flüssen gezogenen südamerikanischen Piranhas eine solche Anerkennung von der Wissenschaft verwehrt bleibt. Die wärmeliebenden Exoten mit den bekanntermaßen scharfen Zähnen, die offensichtlich immer wieder von überforderten Aquarianern in die Freiheit entlassen werden, haben bei uns nämlich keine Chance, die kalte Jahreszeit unbeschadet zu überstehen.

Reisewege der Tiere und Pflanzen

Wie aber werden „normale" Tiere und Pflanzen zu Neobiota? Wie gelangen sie in fremde Gefilde, die oft Tausende von Kilometern von ihrem eigentlichen Verbreitungsgebiet entfernt sind?

Die meisten Neozoen und Neophyten werden sicherlich unbeabsichtigt, wenn auch mit Hilfe des Menschen, in fremde Gebiete eingeschleppt. Zahlreiche Tier- und Pflanzenarten betätigen sich nämlich als blinde Passagiere und nutzen Auto, Eisenbahn und Flugzeug als Transportmittel. So können sie, versteckt in Blumentöpfen oder Transportkisten, Ländergrenzen überwinden und vom Zielpunkt ihrer Reise aus sogar ganze Kontinente erobern. Viele Schädlinge unter den Neozoen, wie etwa der früher so gefürchtete Kartoffelkäfer oder die Reblaus, werden auch zusammen mit ihren Wirtspflanzen verschleppt – in diesem Fall mit Kartoffelpflanzen beziehungsweise Rebstöcken.

Einen ganz wesentlichen Einwanderungsweg stellt der internationale Schiffsverkehr dar. Vor allem im Ballastwasser reist – ungewollt – meist eine umfangreiche tierische und pflanzliche Fracht mit. Das Transportprinzip ist dabei vergleichsweise simpel: Mit der Ballastwasseraufnahme im

Heimathafen werden auch jede Menge Organismen in die Ballastwassertanks der Schiffe gepumpt. Beim Löschen der Ladung im Zielhafen wird dieses Wasser wieder in das Hafenbecken abgelassen – und mit ihm alle tierischen und pflanzlichen Mitreisenden.

Piranhas: zu schwach für unseren Winter

Auf diese Art und Weise ist zum Beispiel Anfang des letzten Jahrhunderts die Chinesische Wollhandkrabbe in China startend auf große Fahrt gegangen und hat dann von den norddeutschen Häfen aus mit geradezu atemberaubender Geschwindigkeit die deutschen Flusssysteme erobert.

Das Einwanderungspotenzial beim Transport via Ballastwasser ist dabei gewaltig: Ein Hamburger Meeresbiologe hat berechnet, dass allein an deutschen Küsten pro Minute über 4000 exotische Meeresbewohner vom Planktonkrebschen bis hin zum mittelgroßen Fisch ankommen – und die Tendenz ist steigend.

Ausgesetzt oder geflüchtet

Oft werden aber auch gebietsfremde Tiere und Pflanzen von Menschen ganz bewusst in ein neues Gebiet eingeführt, damit sie dort freilebende, sich selbst erhaltende Populationen bilden, die man nach erfolgreicher Etablierung wirtschaftlich nutzen möchte. So wurden Bäume wie Robinie und Douglasie zu forstwirtschaftlichen Zwecken aus den USA nach Mitteleuropa eingeführt; Mufflon, Damhirsch und Sitkawild wurden zur „Bereicherung des Wildbestandes" importiert.

Immer wieder etablieren sich auch Gefangenschaftsflüchtlinge in der freien Natur, wie die schon seit Jahren in diversen Großstädten entlang der Rheinschiene nistenden Halsbandsittiche oder die aus einer norddeutschen Zuchtanlage entkommenen südamerikanischen Nandus, die sich mittlerweile in der Wakenitzniederung so wohl fühlen, dass sie sich dort prächtig vermehren.

Aber auch viele Pflanzen, die als Zier- und Nutzpflanzen für mitteleuropäische Gärten eingeführt wurden – wie etwa der aus dem Kaukasus stammende Riesen-Bärenklau oder die nordamerikanische Goldrute – haben mittlerweile den Sprung über die Gartenmauer geschafft und bilden stabile Freilandpopulationen.

Die bei Aquarianern sehr beliebte, ursprünglich in Nordamerika beheimatete Rotwangen-Schmuckschildkröte steht beispielhaft für einige exotische Tierarten, die von ihren Besitzern, die der Tiere überdrüssig geworden waren, einfach illegal ins Freiland entsorgt wurden. Diese Schildkrötenart hat sich mittlerweile vor allem im Rhein-Ruhr-Gebiet dauerhaft angesiedelt und nimmt dort inzwischen sogar Platz zwei unter den freilebenden Reptilien ein.

Freiwillige Wanderer

Natürlich können Lebewesen im Zuge einer natürlichen Ausbreitung bei besonderen Umweltbedingungen auch ohne Zutun des Menschen ganz neue Gebiete besiedeln. Schließlich ist Expansion ein Merkmal des Lebens. So ist nicht nur der Mensch, sondern auch jede Pflanze und jedes Tier bestrebt, den eigenen Lebensraum auszuweiten und neue Gebiete zu erobern. Es versteht sich von selbst,

Bewusst
angepflanzt:
die Robinie

Bewusst
ausgesetzt:
der Waschbär

dass sich dabei flugfähige Arten, wie etwa der Bekreuzte Traubenwickler, ein im Weinbau schädlicher Schmetterling, der zu Beginn des 20. Jahrhunderts aus der Mittelmeerregion nach Mitteleuropa eingewandert ist, deutlich schneller ausbreiten können als nicht flugfähige Arten. Zu Letzteren gehört etwa die Wespenspinne, die – wohl auch bedingt durch die globale Erwärmung – in Mitteleuropa immer weiter nach Norden vorrückt, wenn auch in deutlich kleineren Schritten.

Manchmal macht auch erst der Mensch ein weiteres, freiwilliges Ausbreiten von Tier- und Pflanzenarten möglich, indem er neue Verkehrswege schafft. Eines der bekanntesten Beispiele ist der Bau des Suezkanals im Jahr 1870, durch den zwei völlig getrennte Faunengebiete, nämlich das Rote Meer und das Mittelmeer, miteinander verbunden wurden. Das führte dazu, dass eine Vielzahl von Organismen vom Roten Meer ins Mittelmeer einwanderte und sich dort etablierte.

Ganz schön exotisch: Rotwangen-Schmuck-schildkröte in heimischen Gewässern

Vom Einleben und Überleben

Bei Weitem nicht alle Neuankömmlinge können sich in ihrer neuen Heimat dauerhaft etablieren. In Sachen Invasoren gilt nämlich – den Fachleuten zufolge – die sogenannte „Zehnerregel": Von hundert eingeschleppten Arten schaffen es gerade mal rund zehn Prozent, in ihrem neuen Habitat überhaupt zu überleben. Von diesen zehn Arten können sich wiederum lediglich zehn Prozent dauerhaft etablieren – das ist insgesamt gesehen nur noch ein Prozent aller Arten mit Migrationshintergrund.

Um in ihrer neuen Heimat überleben zu können, benötigen die tierischen und pflanzlichen Zuzügler nämlich eine große Anpassungsfähigkeit, eine hohe Toleranz gegenüber Umwelteinflüssen und eine möglichst hohe Nachkommenzahl.

Natürlich kann auch das Fehlen von Fressfeinden in der neuen Heimat bei der erfolgreichen Etablierung nicht schaden. Meist sind erfolgreiche Neubürger einfach größer, stärker, gefräßiger und anpassungsfähiger als die entsprechenden heimischen Arten.

Geradezu ein Paradebeispiel für einen erfolgreichen Einwanderer ist die bei Gärtnern so überaus unbeliebte Spanische Wegschnecke, die in den 1960er Jahren mit Gemüsetransporten von der Iberischen Halbinsel nach Mitteleuropa eingeschleppt wurde. Diese Schnecken sind äußerst stressresistent, vertragen sowohl Hitze als auch Kälte und sind für Schneckenverhältnisse auch noch äußerst flink auf den Laufsohlen: Bis zu neun Meter kann die Spanierin in der Stunde zurücklegen und ist dadurch in der Lage, schneller ein zudem größeres Revier zu besetzen als heimische Arten.

Zudem ist ihr Gelege mit bis zu 400 Eiern nahezu doppelt so groß wie das ihrer deutschen Konkurrenz. Die üblichen mitteleuropäischen Schneckenvertilger, Vögel und Igel, machen einen großen Bogen um die Zugereisten, die ihren Fressfeinden durch eine ätzende Schleimschicht den Appetit verderben. Insgesamt also ideale Voraussetzungen, um sich mit Erfolg auszubreiten.

Die Spanische
Wegschnecke ist
gegen die deut-
sche Konkurrenz
klar im Vorteil.

Multikulti oder Ausländer raus?

Die Tatsache, dass gerade in der letzten Zeit immer mehr
Tiere und Pflanzen in Regionen auftauchen, in denen
man sie vor Jahren noch nicht beobachten konnte, wird
unter Wissenschaftlern, aber auch unter Politikern,
Jägern, Fischern und Landwirten äußerst kontrovers diskutiert. Das Meinungsspektrum reicht dabei von einer
völligen Ablehnung fremder Arten bis hin zu totaler Akzeptanz. Die Befürworter von „Multikulti" sprechen von
einer Bereicherung der Artenvielfalt, die „Ausländer raus"-
Fraktion befürchtet, dass die vielen Fremdlinge den Beginn einer ökologischen Katastrophe bedeuten könnten.

Migration von Lebewesen hat es natürlich auch schon
in früheren Zeiten gegeben. Viele der schon vor Jahrhun-
derten eingewanderten tierischen und pflanzlichen Neubürger sind mittlerweile problemlos in die heimische Natur
integriert. Leider gilt das jedoch nicht für alle Zuwanderer.
Jede achte immigrierte Art ist nämlich, einer kürzlich er-
stellten Studie der Europäischen Gemeinschaft zufolge,
eine sogenannte „invasive Art". So werden in der Wissen-

schaft solche Neozoen und Neophyten bezeichnet, die, obwohl in ihrem Herkunftsgebiet meist völlig unauffällig, sich in ihrer neuen Heimat nicht nur aggressiv und invasionsartig ausbreiten, sondern mitunter auch äußerst unerwünschte Auswirkungen auf Mensch und Umwelt haben. Haben sich Neobiota nämlich erst einmal etabliert, können sie in ihrer neuen Umgebung durchaus schwere ökologische Schäden anrichten, indem sie einheimische Arten verdrängen oder gar ganze Ökosysteme zu ihrem Nachteil verändern. Die tierischen und pflanzlichen Invasoren können darüber hinaus massive ökonomische Probleme verursachen, indem sie Krankheiten und Parasiten einschleppen, wirtschaftliche Einbußen in Land- und Forstwirtschaft bewirken oder die Gesundheit des Menschen beeinträchtigen.

Das liebe Geld

Die finanziellen Schäden, die invasive Tiere und Pflanzen anrichten, sind teilweise exorbitant. Im Jahr 2002 wurden bei uns in Deutschland 20 gebietsfremde Arten genau daraufhin untersucht. Sie verursachten nach einer Schätzung des Umweltbundesamtes eine volkswirtschaftliche Belastung von rund 167 Millionen Euro. Einer aktuellen Studie zufolge liegen in den Mitgliedstaaten der Europäischen Union die durch invasive Arten verursachten Kosten zwischen 9,6 und 12,7 Milliarden Euro im Jahr.

Rekordhalter in Sachen tierische und pflanzliche Migranten sind, wie könnte es anders sein, die USA. Im Land der unbegrenzten Möglichkeiten werden die Schäden für die Kontrolle eingeschleppter Arten auf neun Milliarden Dollar beziffert – jährlich, versteht sich. Andere Untersuchungen gehen sogar von weit höheren Kosten aus. Weltweit, so schätzt der World Wide Fund For Nature (WWF), betragen die Einbußen 36 Milliarden Dollar.

Natürlich kann man in einem Buch wie diesem nicht einmal einen Bruchteil aller Einwanderer, geschweige denn alle Aspekte ihrer Lebensgeschichte ausführlich behandeln. Deshalb sollen stellvertretend für alle tierischen und pflanzlichen Migranten 31 Arten vorgestellt werden, die entweder nach Deutschland eingewandert sind, eine besonders spannende Einwanderungsgeschichte haben oder in ihrer neuen Heimat für großes Aufsehen gesorgt haben.

Ist der Waschbär ein Nazi?

Im März 2008 mutmaßte die ehrwürdige britische Zeitung „The Times", es sei damit zu rechnen, dass bald auch – very shocking – „Nazi-Waschbären" zu den Untertanen ihrer Majestät zu zählen seien. Zeitgleich war unter der Überschrift: „Nazi-Waschbären auf dem Kriegspfad" im auflagenstärksten Boulevardblatt Großbritanniens „The Sun" zu lesen, dass gleich ganze Horden dieser Tiere unterwegs seien, um Europa und damit auch das Vereinigte Königreich zu erobern. Die Nazibären befänden sich zwar aktuell noch jenseits des Ärmelkanals, seien jedoch – nachdem sie bereits in Frankreich, Belgien, Holland und Dänemark in einem „pelzigen Blitzkrieg" einmarschiert seien – bereit, diesen zu überqueren. Garniert wurde der Artikel mit einem Bild, das einen Waschbären mit Hakenkreuzbinde zeigte.

Grund für das Rauschen im britischen Blätterwald war ein sich in Deutschland schon länger hartnäckig haltendes Gerücht, das jetzt auch in England zu kursieren begann: Es soll Herrmann Göring, zweitmächtigster Mann des Dritten Reichs und begeisterter Hobbyjäger, persönlich gewesen sein, der 1934 die Ansiedlung von nordamerikanischen Waschbären (*Procyon lotor*) am nordhessischen Edersee befohlen habe. Daher sei er für die Verbreitung der amerikanischen Pelztiere in Europa verantwortlich.

> **Der Nazi-Waschbär entpuppte sich als Zeitungsente.**

Aber auch ein Nazibär kann eine Zeitungsente sein, denn mit Hermann Göring hat der Bär mit Migrationshintergrund nachgewiesenermaßen nichts am Hut. Ein Studium der einschlägigen Akten ergab nämlich, dass der Reichsmarschall keine Verantwortung für die Ansiedlung am Edersee trug, ja wahrscheinlich noch nicht einmal darüber informiert war.

Nach heutigen Erkenntnissen war es der Leiter des Forstamtes Vöhl am Edersee, Wilhelm Freiherr Sittich von Berlepsch, der am 12. April 1934 zwei Waschbärenpärchen auf Wunsch ihres Besitzers, des Geflügelzüchters Rolf Haag,

So süß ... und gleichzeitig so lästig

in die Freiheit entließ, um, wie das damals so schön hieß, „unsere heimische Fauna zu bereichern". Auf die Genehmigung des Preußischen Landesjagdamts, bei dem die Aktion vorher beantragt worden war, hatte der Forstmann gar nicht erst gewartet. Die armen vier Waschbären wollten dem Vernehmen nach trotz einer Lockfütterung mit angebrüteten Eiern und geschossenen Eichhörnchen zuerst gar nicht aus ihren Transportkisten heraus. Doch dann fühlten sie sich in ihrer neuen hessischen Heimat offenbar pudelwohl – das Gebiet um den Edersee bot den Kleinbären mit der Panzerknackerbrille nämlich optimale Lebensbedingungen.

So vermehrten sie sich prächtig. Wurde der Bestand der Kleinbären noch 1956 auf wenige Hundert Tiere geschätzt, waren 1970 bereits rund 20 000 Waschbären auf dem Vormarsch. Heute rechnet man mit etwa einer halben Million Tiere, die sich mittlerweile in fast ganz Deutschland mit Schwerpunkt in Hessen und in Berlin/Brandenburg breitgemacht haben. Und auch in anderen mitteleuropäischen Ländern, wie etwa Frankreich, Holland und Belgien, konnten mittlerweile Waschbären nachgewiesen werden.

Dass – wie oft behauptet wird – alle heute in Deutschland lebenden Waschbären tatsächlich von den vier vermeintlichen „Nazibären" vom Edersee abstammen, wird von vielen Experten stark bezweifelt. So sollen gerade in den Wirren des Zweiten Weltkriegs vor allem in der Gegend um Berlin immer wieder Tiere aus Pelzfarmen entkommen sein und eigenständige Populationen gebildet haben.

Lange Zeit betrachteten Naturschützer und Forstexperten die zügige und unkontrollierte Ausbreitung des Neubürgers aus Nordamerika in den deutschen Wäldern mit gesundem Misstrauen. Befürchtete man doch, dass die Kleinbären, die gerne die Nester baum- und bodenbrütender Vogelarten plündern, selten gewordene und streng geschützte Vögel wie

Bedroht durch den Waschbär: Auer-, Birk- und Haselhuhn?

Auer-, Birk- und Haselhuhn ausrotten könnten. Diese Vermutungen haben sich bisher – auch wegen der Bejagung der Waschbären – zum Glück allerdings nicht bestätigt.

Mittlerweile haben die kleinen Banditen mit dem Ringelschwanz in vielen Gebieten die Vorzüge des Stadtlebens entdeckt. Das ist nicht weiter verwunderlich: Denn das

Leben in unseren Städten bietet dem überaus anpassungs-
fähigen Waschbären all das, was er sich in freier Wildbahn mühsam erkämpfen muss, auf engstem Raum im
Überfluss. Zunächst einmal können die Kleinbären ganz
komfortabel auf Dachböden, in Kaminschloten oder Garten-
häuschen ihr Lager aufschlagen. Nahrung steht mehr als
ausreichend in Gärten, Komposthaufen und Mülltonnen zur
Verfügung.

Und auch der Winter verliert für die dermaßen verwöhn-
ten Tiere im gemäßigten Stadtklima deutlich an Härte.
Wildbiologen gehen übrigens davon aus, dass viele in der
Stadt geborene Waschbären vom
süßen Leben in der Zivilisation
bereits so verweichlicht sind, dass
sie im Wald gar nicht mehr über-
lebensfähig wären.

> **In der Stadt geborene Waschbären sind durch die Zivilisation verweichlicht.**

Die Waschbärenhauptstadt Euro-
pas ist zweifelsohne Kassel. Bereits Anfang der 1960er
Jahre konnte man in der nordhessischen Metropole Waschbären auf Dächern und Schornsteinen beobachten. Nirgendwo sonst ist die Individuendichte der Waschbären
so hoch wie hier. In Kassel besiedelt im Durchschnitt
ein Tier einen Hektar Stadtgebiet – das ist ein Tier pro
Häuserblock. Aber auch Häuserblocks mit 50 und mehr
Exemplaren sind keine Seltenheit. So hat im Sommer
manchmal jeder Garten seinen eigenen Waschbären. Die
Tiere haben Geschmack: Villenviertel und Parkanlagen
werden gegenüber Neubauvierteln ohne Baumbestand und
vegetationslosen Geschäftszentren von den Neustädtern
klar bevorzugt.

Während andere Kulturfolger wie die Wanderratte dem
Menschen möglichst aus dem Weg gehen, sind Waschbären
in dieser Hinsicht überhaupt nicht schüchtern: Selbst am
Kasseler Hauptbahnhof kann man sie bei der Nahrungssuche beobachten. Und haben sich Waschbären zu einer
menschlichen Behausung erst einmal Zugang verschafft,
sind sie treue, wenn auch nicht immer gern gesehene Hausgenossen: In vielen Stadtteilen haben sich die Waschbären
mittlerweile zu einer echten Plage entwickelt. Die neuen
Mitbewohner können nämlich erhebliche und oft kostspielige Schäden anrichten: Sie verwüsten Gärten und plündern mit Vorliebe Mülltonnen und Obstbäume. Auf den
Dachböden ist bald mit angeknabberten Möbeln, vergam-

Warum wäscht der Waschbär?

Bei in Gefangenschaft lebenden Waschbären kann man häufig beobachten, dass sie ihr Futter zur nächsten Wasserstelle tragen und es allem Anschein nach dort sorgfältig waschen – ein Verhalten, das den kleinen Bären ja auch ihren Namen eingebracht hat.

Genauere Untersuchungen jüngeren Datums zeigten jedoch, dass Waschbären ihren Namen eigentlich zu Unrecht tragen. Sie sind nämlich bei Leibe keine Hygienefanatiker, sondern tasten ihr Futter nur sehr sorgfältig ab, um sich mit ihrem ausgeprägten Tastsinn ein genaues Bild von seiner Beschaffenheit machen zu können. Und da das Wasser die dünne Hornhaut ihrer Pfötchen aufweicht, funktioniert diese Variante der taktilen Wahrnehmung sogar noch ein Stück besser. Einen angenehmen Nebeneffekt hat die Sache auch noch: Hartes Futter, wie etwa trockenes Brot, wird beim Waschvorgang aufgeweicht – das schont die Zähne.

In erster Linie handelt es sich beim „Waschen" nach Ansicht der Wissenschaftler jedoch um eine Art Ersatz- beziehungsweise Leerlaufhandlung für die in freier Natur übliche Nahrungssuche im Wasser – eine sinnliche Erfahrung, die Waschbären in Gefangenschaft offensichtlich nicht wissentlich, aber wohl instinktiv vermissen.

melten Nahrungsresten und übelriechenden Kothäufchen zu rechnen.

Was aber waschbärengeplagte Hausbesitzer am meisten auf die Palme bringt, ist der Höllenlärm (Wissenschaftler haben bei Waschbären bisher dreizehn verschiedene Lautäußerungen registriert), den die nachtaktiven Untermieter veranstalten: Können herumtollende Jungtiere dieser nervigen Lärmterroristen noch mit zusammengebissenen Zähnen ertragen werden, hört die Tierliebe mit Sicherheit auf, wenn zwei Männchen direkt über dem Schlafzimmer ihre Revierkämpfe austragen. Das wütende Fauchen und Knurren, das mit fortschreitender Kampfhandlung in ein ohrenbetäubendes Kreischen übergeht, lässt dann den verbotenen Wunsch der menschlichen Mitbewohner nach einer geladenen Schrotflinte nahezu übermächtig werden.

Kein Wunder also, dass immer mehr Hausbesitzer ihr Domizil nicht mit den tierischen Hausbesetzern teilen wol-

len. Nach vielen erfolglosen Vertreibungsmaßnahmen (Vergrämung durch Radiolärm, Ultraschallgeräte, Pfefferstreu) fordern sie schließlich einen gezielten Abschuss der Kleinbären, die bei uns nicht zu den geschützten Arten gehören.

Mit einem Abschuss, der im Stadtgebiet ohnehin problematisch ist, lässt sich das Problem jedoch in der Regel nicht lösen. Besonders gute Schlafplätze sind in Waschbärenkreisen wohlbekannt und werden daher bald wieder neu bezogen. Experten empfehlen deshalb, das Haus zu einer waschbärensicheren Festung auszubauen und die Plagegeister „einfach" auszusperren.

Einigen Kasselanern sind ihre Neubürger aus Amerika jedoch auch ans Herz gewachsen. Sie gewöhnen die Tiere an bestimmte Futterzeiten, verschaffen ihnen bessere Einstiegsmöglichkeiten in den Dachstuhl oder lassen sie sogar per Katzenklappe ins Haus. Angefütterte Waschbären werden schnell zutraulich und lassen sich schon bald aus der Hand füttern. Allerdings bringen sie dann über kurz oder lang zur Fütterung die gesamte Verwandtschaft mit.

Der Marderhund – ein heimlicher Eroberer

Er sieht aus wie eine Kreuzung aus Waschbär und Marder, miaut wie eine Katze, läuft auf kurzen Dackelbeinen durchs Leben und ist hierzulande völlig unbekannt. Die Rede ist vom Marderhund (*Nyctereutes procyonoides*), einer Säugetierart, die sich in den letzten Jahren still und heimlich in unseren Wäldern breitgemacht hat.

Spaziergänger werden die zur Familie der Hunde gerechneten kleinen Räuber wohl niemals zu Gesicht bekommen, denn die etwa fuchsgroßen Tiere mit der charakteristischen schwarz-weißen Gesichtsmaske sind äußerst scheu und gehen erst nach Einbruch der Dunkelheit auf die Jagd. Tagsüber ziehen sich Marderhunde in selbst gegrabene Höhlen, verlassene Fuchs- oder Dachsbaue oder ins dichte Unterholz zurück.

Die ursprüngliche Heimat des Marderhundes oder Enok, wie das Raubtier mit dem dichten, langen Haarkleid auch genannt wird, ist Ostasien – um genauer zu sein, das östliche Sibirien, das nordöstliche China, Japan, Korea und Nordvietnam. Weil sein warmes und widerstandsfähiges Fell, das als „Ussurischer Waschbär" und „Japanischer Fuchs" gehandelt wurde, den Marderhund zu einem geschätzten Pelztier machte, wurden auf Betreiben der sowjetischen Regierung zwischen 1928 und 1956 rund 10 000 Marderhunde im europäischen Teil der damaligen UdSSR ausgesetzt.

Der Pelzträger aus Fernost konnte – immer wieder unterstützt durch Flüchtlinge aus Pelzfarmen – in seiner neuen Heimat überraschend gut Fuß fassen und vermehrte sich prächtig. Bald begann er sich mit einer durchschnittlichen Geschwindigkeit von bis zu 40 Kilometern pro Jahr nach Westen hin auszubreiten. So tauchten bereits 1935 die ersten Marderhunde in Finnland auf. 1943 hatten die Tiere die Tschechoslowakei und 1951 Rumänien erobert.

Sein Pelz war als „Ussurischer Waschbär" sehr begehrt.

„Easy going" – heimlich und fast ohne Feinde

In Deutschland wurde der erste Marderhund 1962 in der Nähe von Osnabrück erlegt. Mittlerweile sind die kleinen Räuber zu einem festen Bestandteil der europäischen Fauna geworden und kommen von Skandinavien im Norden bis hin zum Schwarzen Meer im Südosten vor. Die westliche Grenze ihres Verbreitungsgebiets verläuft durch die Niederlande und Ostfrankreich. In Deutschland ist der Marderhund in Mecklenburg-Vorpommern, Brandenburg, Niedersachsen und Schleswig-Holstein recht häufig, in den anderen Bundesländern sieht man ihn noch relativ selten.

Wie viele Exemplare zurzeit in Deutschland leben, ist wegen ihrer versteckten Lebensweise nur schwer abzuschätzen. Im Jahr 2008 lag die Zahl der erlegten Marderhunde (seit 1996 unterliegen sie in einigen Bundesländern dem Jagdrecht) in der Bundesrepublik Deutschland jedoch bereits bei über 30 000 Tieren.

Die Zuwanderung des „faunenfremden" Marderhunds zu uns stößt nicht überall auf ungeteilte Freude. Vor allem die Jägerschaft beschuldigt den kleinen Wildhund immer wieder, er räume die Nester seltener bodenbrütender Vögel aus und falle aus diesem Grund bereits in einigen Naturschutzgebieten unangenehm auf. Und tatsächlich haben Marderhunde in der Vergangenheit in einigen Teilen Europas beträchtliche

Der Uhu und das Auto sind seine einzigen Feinde.

Schäden angerichtet: Beispielsweise sind sie im rumänischen Donaudelta mit großer Effizienz über Eier und Jungvögel der dort nistenden Vogelkolonien hergefallen.

Einige Jagdverbände, aber zum Teil auch Naturschützer, verlangen daher, die ungebremste Ausbreitung durch eine nachhaltige Bejagung zumindest einzudämmen. Dieser Ruf nach strenger Kontrolle des konkurrenzstarken Neubürgers wird durch die Tatsache unterstützt, dass die Tiere in Deutschland keine Feinde zu fürchten haben, sieht man einmal von Autos beziehungsweise dem Uhu ab, dem die Tiere bei der Suche nach Aas am Straßenrand öfter zum Opfer fallen. Auf dem Bundesjägertag 2005 wurde eine „nationale Strategie gegen invasive gebietsfremde Arten" wie den Marderhund gefordert.

Sogar das schleswig-holsteinische Umweltministerium hat jüngst vor dem kurzbeinigen Neubürger gewarnt: Der

Marderhund verbreite Staupe und den lebensgefährlichen Fuchsbandwurm und sei daher eine potenzielle Gefahr für Mensch und Hund.

Auf der anderen Seite haben Nahrungsanalysen an Marderhunden durch Wissenschaftler des Naturkundemuseums Görlitz gezeigt, dass sich die untersuchten Tiere in erster Linie von Mäusen, Eiern, Küken, Insekten, Früchten, Abfällen und sogenanntem Fallwild (zum Beispiel überfahrenen Kleinsäugern) ernährten – und das auch zur Brutzeit bodenbrütender Vögel.

Zu einer von vielen Naturschützern befürchteten Verdrängung des körperlich unterlegenen Fuchses durch den Marderhund ist es bisher nicht gekommen – beide Arten leben im gleichen Revier munter miteinander.

Alkoholisierte Hodentrommler

In japanischen Fabeln spielt der Marderhund oder „Tanuki", wie das kleine Raubtier im Land der aufgehenden Sonne heißt, eine wichtige Rolle.

Der Tanuki gilt im Gegensatz zum eleganten und schlauen Fuchs als derber, draufgängerischer Bursche, der den Menschen zwar ab und an ein Schnippchen schlägt, aber alles in allem eher gutmütig ist. In den Fabeln neigt er jedoch dazu, öfter mal dem Alkohol zuzusprechen. Vielleicht sieht man deshalb vor japanischen Restaurants oft überlebensgroße Tanuki-Figuren, die, meist mit einer Sakeflasche in der Hand, die vorbeilaufende Passanten offensichtlich zum Trinken auffordern wollen.

In alten Holzschnitten und in Märchenbüchern werden Tanukis oft mit Strohhut und überdimensionalen Hoden dargestellt, die die Tiere je nach Interessenlage als Trommel oder, wenn sie wütend werden, auch als Schlagwaffe (!) verwenden können.

Die ungeliebten Großstädter

Die Umfrage eines deutschen Magazins hat es an den Tag gebracht: Auf der Liste der ärgsten „Igittigitt-Tiere" stehen Ratten ganz oben, erst auf den Plätzen zwei und drei folgen Schlangen und Kakerlaken. Was die pelzigen Nager für die Bundesbürger so unsympathisch macht, ist zum einen der nackte Schwanz, der vor allem bei Frauen wenig Anklang findet, und zum anderen der Lebensraum, den die Allesfresser bevorzugen – fühlen sich Ratten doch besonders an Plätzen wie Abwasserkanälen und Müllhalden wohl. Örtlichkeiten also, an die der Mensch nur mit Schaudern denkt. Außerdem können sie, bedingt durch ihre Lebensweise, eine Vielzahl von gefährlichen Krankheitserregern in sich beherbergen und diese auf Menschen übertragen. Darüber hinaus sind sie häufig an der Ausbreitung von Tierseuchen beteiligt, wie etwa der Schweinepest oder der Maul- und Klauenseuche.

Und als ob das alles noch nicht genug wäre: Ratten können, wenn sie in die Enge getrieben werden, auch noch ein ziemlich aggressives Verhalten an den Tag legen. Ohne mit der Wimper zu zucken greifen die ohne Schwanz gerade mal 25 Zentimeter langen Nager Hunde und Katzen an und können ihnen mit heftigen Bissen schwer zusetzen. Auch der Mensch wird in einer solchen Situation ohne Zögern attackiert.

> **Ratten greifen ohne Zögern Hunde, Katzen und sogar Menschen an.**

Kurz: Fast überall auf der Welt gelten Ratten als widerliche, schmutzige, bösartige und obendrein auch noch gefährliche Teufelsbrut.

Wenn wir von Ratten sprechen, ist in den allermeisten Fällen die Wanderratte (*Rattus norvegicus*) gemeint, ein Tier, von dem die meisten Menschen gar nicht wissen, dass es erst seit relativ kurzer Zeit in deutschen Landen heimisch ist.

Die eigentliche Heimat der Wanderratte sind nämlich die Steppen Nordchinas und der Mongolei. Aber schon früh schloss sich das langschwänzige Nagetier dem Menschen

an. In seiner Nähe fand es Unterschlupf und Nahrung. Als sogenannte Kulturfolger haben sich Wanderratten mittlerweile – von der Antarktis einmal abgesehen – in alle Teile der Welt ausgebreitet. Nach Europa kam die Wanderratte möglicherweise bereits im 16. Jahrhundert als Begleiterin der Karawanen, die über die Seidenstraße zogen. Die Eroberung des Kontinents jedoch gelang ihr mit Sicherheit erst im 18. Jahrhundert – als blinder Passagier per Schiff. So wurden Wanderrattenvorkommen erstmals 1730 in England, 1735 in Frankreich und 1750 in Deutschland festgestellt, die USA wurden 1755 besiedelt. Von den Hafenstädten aus erfolgte dann eine rasche Ausbreitung. In Deutschland waren die Nager bereits 1780 häufig.

Die Wanderratte: neugierig und talentiert

Ihren wissenschaftlichen Namen „norvegicus" erhielten sie übrigens von dem englischen Naturforscher John Berkenhout (1726–1791), der fälschlicherweise annahm, die Wanderratte sei mit Schiffen aus Norwegen nach England eingeschleppt worden. Erst später fand man heraus, dass es zum damaligen Zeitpunkt noch gar keine Wanderratten in Norwegen gab; die Ratten in Berkenhouts Heimat waren aus Dänemark eingeschleppt worden.

> **Die Wanderratte eroberte im 18. Jahrhundert per Schiff Europa.**

Ihren Erfolg verdankt die in Familienverbänden lebende Wanderratte neben ihrer legendären Anpassungsfähigkeit an alle nur denkbaren Umweltbedingungen vor allem ihren überragenden körperlichen Fertigkeiten. Beispiele gefällig? Ratten können aus dem Stand bis zu 70 Zentimeter hoch springen, in glatten Abflussrohren senkrecht nach oben klettern und auf Telegrafenleitungen balancieren. Wenn sie herunterfallen, ist das auch nicht weiter schlimm, denn

Schon zu Zeiten der Fabel „Der Rat der Ratten" (19. Jh.) galten die kleinen Plagegeister als äußerst klug.

die Nager können auch Stürze aus zehn Meter Höhe überleben. Mit ihrem extrem beweglichen Körper quetschen sich die immerhin bis zu 500 Gramm schweren Hochleistungssportler durch gerade mal drei Zentimeter große Löcher.

Und sollte das nicht genügen, können sich die Nager auf der Suche nach Nahrung dank eines Spezialgebisses fast überall durchbeißen: Kunststoff, Aluminiumblech und sogar Bleirohre stellen für ihre sich selbst nachschärfenden Schneidezähne kein übermäßiges Hindernis dar.

> **Die scharfen Zähne dringen sogar durch Aluminiumblech und Bleirohre.**

Da sich diese unglaublichen Tiere bis zu 72 Stunden über Wasser halten können und längere Tauchstrecken für sie kein wesentliches Problem darstellen, können sie, auch ohne als blinder Passagier auf Schiffen mitzureisen, nahegelegene Inseln locker aus eigener Kraft erreichen.

Unglaublich ist auch ihre hohe Vermehrungsrate: So bringt ein Wanderrattenweibchen bis zu vier Mal im Jahr durchschnittlich etwa acht Junge zur Welt, die ihrerseits bereits nach drei Monaten geschlechtsreif werden können. Das bedeutet: Ein einziges Rattenpaar kann pro Jahr über 1000 Kinder und Kindeskinder erzeugen!

Durch ihre körperliche Überlegenheit, aber auch durch ihre Aggressivität und bessere Anpassungsfähigkeit hat die Wanderratte die bei uns bereits seit dem 2. Jahrhundert heimische Hausratte (*Rattus rattus*) weitgehend verdrängt. Die kleinere und schlankere Hausratte ist in einigen Bundesländern sogar so selten geworden, dass sie dort auf der Roten Liste der bedrohten Arten steht.

In den letzten Jahren hat die Zahl der Ratten vor allem in den Großstädten massiv zugenommen. Das ging sogar so weit, dass man in Köln, München oder in anderen deutschen Metropolen die eigentlich scheuen und dämmerungsaktiven Tiere auch am helllichten Tage wie selbstverständlich mitten in der City herumstrolchen sah.

> **Ein Rattenpaar kann pro Jahr über 1000 Kinder und Kindeskinder erzeugen.**

Die Ursache für den Ratten-Boom in unseren Großstädten sehen Schädlingsbekämpfer vor allem in den veränderten Lebensgewohnheiten der Bundesbürger: Der moderne Städter esse immer häufiger Pommes frites, Döner

und andere Fastfood-Köstlichkeiten auf der Straße, deren Reste er dann vor Ort wegwerfe und so den Ratten eine üppig gedeckte Tafel biete.

Heute schätzt man, dass trotz intensiver Bekämpfung auf jeden Menschen in unseren Großstädten durchschnittlich zwei Ratten kommen. In einer Stadt wie New York mit rund 19 Millionen Einwohnern wären das 38 Millionen Ratten!

Ratten erfolgreich zu bekämpfen ist alles andere als einfach. Die intelligenten Tiere sind extrem misstrauisch und meiden verdächtige Nahrung. Im Rattenrudel gibt es nach Ansicht einiger Wissenschaftler sogar regelrechte Vorkoster, die neue Nahrungsquellen zunächst einmal testen. Nur wenn sie sich nach der Mahlzeit noch bester Gesundheit erfreuen, greifen auch ihre Artgenossen herzhaft zu. Bei den Vorkostern handelt es sich meist um Tiere, die in der Rattenhierarchie ziemlich weit unten stehen.

> **Ratten haben sogar Vorkoster, die neue Nahrungsquellen testen.**

Die köderscheuen Ratten werden heute von den Schädlingsbekämpfern mit sogenannten Cumarinen ausgetrickst. Diese langsam wirkenden Gifte hemmen die Blutgerinnung, was die Tiere erst nach Stunden innerlich verbluten lässt. Die anderen Ratten können dadurch keinen Zusammenhang zwischen Giftköder und dem Tod ihres Artgenossen herstellen.

In einigen Teilen Europas gestaltet sich die Bekämpfung von Wanderratten auch deshalb immer schwieriger, weil einige der Nager gegenüber vielen zunächst erfolgreich eingesetzten Bekämpfungsmitteln resistent geworden sind. Diese resistenten Tiere werden von Wissenschaftlern gar als „Superratten" betitelt.

Übrigens: Kammerjäger, die sich auf die Bekämpfung von Ratten spezialisiert haben, brauchen sich auch mittelfristig nicht um ihren Job zu sorgen, denn die Ausrottung der ungeliebten Nager – da sind sich die Experten sicher – wird wohl nie gelingen. Ob allerdings Ratten tatsächlich jede nur denkbare

> **Ob Ratten nach einem Atomkrieg die Erde bevölkern, ist zweifelhaft.**

Intensität von radioaktiver Strahlung überstehen können und daher nach einem Atomkrieg zusammen mit den Scha-

Das Rattenrestaurant

Was in vielen Restaurants in der kambodschanischen Provinz Battambang auf der Speisekarte steht, würde in Deutschland einen mittleren Volksaufstand auslösen – die Rede ist von Rattenfleisch. In Kambodscha gilt es nämlich als Delikatesse.

Angeboten wird den geneigten Gästen Rattenfleisch in verschiedenen Variationen: am Spieß oder in handliche Stücke gehackt, gegrillt, gebraten oder gekocht, stets aber traditionell gewürzt mit Knoblauch, Zitronengras und Kurkuma. Der Geschmack wird von Kennern irgendwo zwischen Huhn und Schlange angesiedelt.

Das sich hartnäckig haltende Gerücht, die Kambodschaner seien in der entbehrungsreichen Zeit während der Terrorherrschaft der Roten Khmer (1975–1979) auf den Rattenfleischgeschmack gekommen, ist übrigens nicht richtig. Der Verzehr von Ratten hat in Kambodscha eine viel längere Tradition und ist keinesfalls abhängig vom sozialen Status. Sehr wohl aber von der Jahreszeit: Nach der Reisernte, wenn sich die Ratten auf den Reisfeldern eine schöne Wampe angefressen haben, ist „Rattensaison". Dorf- oder Stadtratten werden dagegen nie verspeist.

Auch in anderen Ländern Asiens gelten Ratten als Delikatesse. So exportiert Kambodscha jährlich rund 300 Tonnen Rattenfleisch ins benachbarte Vietnam. Und auch in Indien und auf den Philippinen steht man in einigen Landesteilen dem Genuss von Rattenfleisch durchaus positiv gegenüber. Der Vorschlag eines hochrangigen indischen Politikers, auch internationale Luxushotels sollten doch bitteschön Rattengerichte auf ihre Speisekarte setzen, stieß jedoch bisher auf wenig Gegenliebe.

ben, denen man ähnliche Fähigkeiten nachsagt, die Erde bevölkern werden, ist mehr als zweifelhaft.

Nicht vergessen sollte man beim Thema Wanderratte die Verwendung dieser Nager in der Forschung. Eine weiße Zuchtform der Wanderratte, die sogenannte Laborratte, dient seit vielen Jahren der Wissenschaft als Testorganismus bei der Erprobung neuer Medikamente oder Pflanzenschutzmittel, früher auch bei Kosmetika. Allein in Deutschland werden jedes Jahr über eine halbe Million Laborratten „verbraucht".

Rette ein rotes, iss ein graues – oder der Showdown der britischen Eichhörnchen

Die britische Küche ist schon seit Langem für ihre – sagen wir es einmal vorsichtig – eigenwilligen Kreationen bekannt. Lammschulter mit Pfefferminzsauce, Plumpudding oder gar mit Hafermehl gefüllter Schafmagen sind Gerichte, die nicht unbedingt dem Geschmack eines Kontinentaleuropäers entsprechen. In den letzten Jahren hat dazu noch ein ungewöhnliches Tier die Teller des Inselvolks erobert: das Eichhörnchen.

Im Lande Shakespeares gibt es seit Neuestem Eichhörnchenfleisch in allen Variationen zu genießen. Kaum zu glauben, denn eigentlich sollten die niedlichen Tierchen, die dank flauschigem Fell und runder Augen mit einer überlebensgarantierenden Kuscheloptik ausgestattet sind, vor den Kochtöpfen und Bratpfannen der naturverbundenen Briten sicher sein.

Auf der anderen Seite kann ebendieser Brite, der sich in Sachen Fleischzubereitung auf neue kulinarische Pfade begibt, von sich behaupten, etwas für den Erhalt der heimischen Fauna zu tun. Klingt verrückt? Nur, wenn man nicht darüber informiert ist, dass in Großbritannien seit Jahren ein Eichhörnchenkrieg tobt.

> Wer Eichhörnchen isst, tut etwas für den Erhalt der heimischen Fauna.

Begonnen hatte alles im Jahr 1889, als heimkehrende Amerikareisende aus dem Land der unbegrenzten Möglichkeiten 350 Grauhörnchen (*Sciurus carolinensis*) mitbrachten, die sie zu Hause in der englischen Grafschaft Bedfordshire als exotische Gäste in ihren Gärten aussetzten. Diese „Bereicherungsaktion der britischen Fauna" wurde damals als ausgezeichnete Idee empfunden, weshalb bald weitere Einbürgerungsmaßnahmen folgten. Die Hörnchen, die eigentlich in der Osthälfte der Vereinigten Staaten und im Südosten Kanadas zu Hause sind, lebten

Der vorläufige Sieger im erbitterten Eichhörnchenkrieg

sich im Vereinigten Königreich ausgezeichnet ein und vermehrten sich wunderbar, sodass ihr Bestand rasch zunahm. Und bald wechselten die Neubürger aus den Gärten auch in Parkanlagen und Städte.

Aber die Migranten aus Übersee führten sich nicht gerade positiv in ihrer neuen Heimat ein: Grauhörnchen plündern nämlich nicht nur gerne Singvogelnester, sondern richten auch große Schäden an Buchen und Eichen an, deren Rinde sie so stark benagen, dass viele der Bäume absterben. Die „Ratten im Eichhörnchenpelz", wie die Waldfrevler von der „Sunday Times" in einem wütenden Leitartikel bezeichnet wurden, beknabbern die Bäume nach Ansicht von Experten übrigens nicht etwa, weil ihnen der Magen knurrt, sondern aus fortpflanzungstechnischen Gründen. Die Hörnchenherren wollen offenbar durch die Nagerei ihr Revier markieren und brünstigen Weibchen imponieren. Es ist also nicht verwunderlich, dass die grauen Nager bereits 1930 in England und in Irland zur Plage erklärt wurden.

> **Sie benagen die Rinde von Bäumen, um ihren Weibchen zu imponieren.**

Was aber weit schlimmer ist: Die transatlantischen Einwanderer haben in den letzten Jahrzehnten die in Großbritannien schon seit Tausenden von Jahren heimischen roten Eichhörnchen (*Sciurus vulgaris*) aus weiten Teilen des Inselstaats vertrieben. Unglücklicherweise besitzen die beiden ökologisch sehr ähnlichen Arten nämlich fast identische Lebensansprüche. Der graue Vetter aus Nordamerika ist jedoch nicht nur rund doppelt so schwer wie sein britisches Pendant, sondern auch robuster und weit weniger anspruchsvoll in der Nahrungswahl. Darum ist das graue dem roten im ständigen Kampf um Nahrung und Nistplätze deutlich überlegen. So halten die Grauhörnchen heute die Städte mit ihren Parks und den Löwenanteil der ländlichen Gebiete besetzt, während sich die unterlegenen roten Eichhörnchen wie einst Robin Hood in die heimischen Wälder zurückgezogen haben.

> **Wie einst Robin Hood zogen sich die roten Eichhörnchen in die heimischen Wälder zurück.**

Erschwerend kommt hinzu, dass die Grauhörnchen wahrscheinlich schon vor 100 Jahren ein sogenanntes Parapoxvirus nach Großbritannien eingeschleppt haben. Sie selber

Europäisches
Vogelfutter –
auch lecker!

allerdings tragen zwar laut einer Studie der Universität Newcastle zu rund 70 Prozent das Virus in sich, sind aber nur Überträger und erkranken selbst nicht. Ihre britischen Verwandten haben dagegen weit weniger Glück: Infiziert sich ein rotes Eichhörnchen mit den sogenannten Eichhörnchenpocken, geht es meist innerhalb weniger Tage zugrunde. Die Übertragung des Virus von Grau nach Rot erfolgt sehr wahrscheinlich dadurch, dass die roten Hörnchen von den Grauhörnchen verlassene Nester nutzen. Einen Impfstoff gegen das Virus gibt es bisher nicht.

Die Schlacht um das Vereinte Königreich scheint also – zumindest im Augenblick (mehr dazu im Kasten) – für die Roten bereits verloren zu sein. Vorsichtigen Schätzungen zufolge steht zurzeit die auf wenige Hunderttausend Individuen geschrumpfte Population von heimischen roten Hörnchen einer erdrückenden Übermacht von bis zu 10 Millionen grauen Invasoren gegenüber.

Kommen wir wieder auf die anfangs erwähnten britischen Essgewohnheiten zurück. Um zu verhindern, dass die bei den Briten so beliebten roten Eichhörnchen völlig von der Insel verschwinden, rief man 2006 die Kampagne „Save Our Squirrels" („Rettet unsere Eichhörnchen") ins Leben. Mit der Parole „Save a red, eat a grey!" („Rette ein rotes, iss ein graues!") sollten die Untertanen Ihrer Majestät dazu

Grauhörnchen – bald auch in Deutschland?

Amerikanische Grauhörnchen sind mittlerweile auch ein fester Bestandteil der italienischen Fauna. Populationsbegründer war ein italienischer Diplomat, der 1948 in der Nähe von Turin ganz einfach zwei Grauhörnchenpärchen in seinem Garten aussetzte. Seither breiten sich die Nager ungehemmt in Italien aus und rücken immer weiter nach Norden vor.

So scheint es nur noch eine Frage der Zeit zu sein, wann die Grauhörnchen in der Schweiz ankommen. Um zu uns nach Deutschland zu gelangen, hat das Grauhörnchen allerdings noch eine Nuss zu knacken: die Überquerung der Alpen. Aber das wird es schon schaffen – entweder zu Fuß oder als blinder Passagier auf einem Güterwaggon oder Lastwagen.

Takeaway mit Verhütungseffekt

Um der Bedrohung der heimischen Eichhörnchen durch die grauen Invasoren aus Übersee ein Ende zu machen, gründeten Wissenschaftler, Landbesitzer und Förster im Jahr 2002 die „Europäische Eichhörnchen-Initiative". Ziel dieser Organisation ist es, die Anzahl der Grauhörnchen mittels Geburtenkontrolle deutlich zu reduzieren.

Man will den Nagern neu entwickelte Verhütungsmittel verabreichen, die lebenslang wirken. Diese Sterilantien sollen die Grauhörnchen nach Plan der Wissenschaftler zusammen mit der Nahrung in eigens angelegten Futterstellen aufnehmen. Um zu gewährleisten, dass die Verhütungsmittel nicht auch die Fortpflanzung der heimischen roten Eichhörnchen verhindern, will man die Futterstellen jedoch so anlegen, dass nur die deutlich schwereren Grauhörnchen Zutritt haben. Allerdings werden wohl noch einige Jahre vergehen, bis die Takeaway-Stationen mit Verhütungseffekt flächendeckend zum Einsatz kommen.

gebracht werden, den transatlantischen Störenfrieden kulinarisch den Garaus zu machen.

Und weil die Liebe zur heimischen Natur bei den Briten offensichtlich durch den Magen geht, war auf einmal ein boomender Markt für Eichhörnchenfleisch geschaffen worden. Britische Gourmets, Restaurants und Köche waren auf den (Eichhörnchen-)Geschmack gekommen. Wie gesagt – natürlich nur aus rein naturschützerischen Gründen! Die meisten Ersttester, die das Fleisch der pelzigen Migranten gekostet hatten, waren begeistert: Ein köstlicher, an Kaninchen erinnernder Geschmack und dazu auch noch fettarm. Besonders beliebt bei wahren, Feinschmeckern sind heute Gerichte wie Eichhörnchenpastete oder, etwas aufwändiger, Eichhörnchen nach Pekingentenart.

Der Vorschlag des britischen Europaabgeordneten Lord Inglewood, man möge das Fleisch der ungeliebten Einwanderer auch in Schulmensen anbieten, wurde dann aber doch nicht in die Tat umgesetzt. Ob allerdings die roten Eichhörnchen allein auf kulinarischem Wege gerettet werden können, scheint eher fraglich.

Nanu, ein Nandu!

Wer in der Wakenitzniederung, dem idyllisch gelegenen Naturschutzgebiet zwischen Lübeck und Nordwestmecklenburg, einen Spaziergang macht, hat gute Chancen auf eine Begegnung der besonderen Art. Wo sonst kann man hierzulande auf einen freilebenden Nandu treffen? Nun wissen biologisch vorgebildete Leser, dass die riesigen Straußenvögel eigentlich in den südamerikanischen Ländern Argentinien, Chile, Paraguay, Uruguay, Brasilien und Bolivien zu Hause sind. Dort bewohnen die Laufvögel savannenähnliche Lebensräume, wie etwa die Pampa, den Gran Chaco oder das patagonische Tiefland. Wie aber um alles in der Welt kommt ein südamerikanischer Vogel ausgerechnet nach Mecklenburg-Vorpommern? Mit einem Flug über den großen Teich kann das der größte Vogel Amerikas mit seiner Scheitelhöhe von bis zu 150 Zentimetern mit Sicherheit nicht geschafft haben, denn obwohl der Nandu (*Rhea americana*) die größten Flügel aller Laufvögel besitzt, kann er nicht fliegen. Dafür hat er mit seinen bis zu 30 Kilo einfach ein viel zu hohes Eigengewicht.

Wie kommt der südamerikanische Vogel nach Mecklenburg-Vorpommern?

So haben die Flügel beim Nandu keine Flugfunktion mehr, sondern dienen beim schnellen Sprint (Nandus erreichen Spitzengeschwindigkeiten von bis zu 60 Stundenkilometern) dazu, das Gleichgewicht zu halten und schnelle Richtungsänderungen einzuleiten. Dazu senkt der Vogel einfach im vollen Lauf den einen Flügel und hebt den anderen – ein Manöver, das an die Steuerwirkung des Querruders eines Flugzeugs erinnert. Eine weitere Besonderheit: Jeder Flügel trägt an der Spitze eine scharfe Hornkralle, die der Vogel als äußerst wirkungsvolle Waffe gegen Gegner aller Art einsetzen kann.

Aber zurück zum Thema Ost-Nandus. Die Lösung des Rätsels der ostdeutschen Nandupopulation ist vergleichsweise einfach: Im Herbst 2000 hatten sechs Nandus offensichtlich den Schnabel gestrichen voll von ihrem Aufenthalt in einem engen Zuchtgehege bei Groß-Grönau und flüchteten aus dem Ex-Westen in das naturbelassene Ost-Gebiet

Ein Nandu in der „Mecklenburgischen Pampa"

Zum Vermehren wohl fühlen sich die großen Vögel – trotz Schnee.

an der ehemaligen innerdeutschen Grenze. Dort fühlte sich die flüchtige Großfamilie, bestehend aus einem Hahn und seinem Harem von fünf Hennen (mehr dazu im Kasten), offensichtlich pudelwohl und vermehrte sich in freier Wildbahn, als wäre sie zu Hause in der Pampa. Und weil die südamerikanischen Gäste in ihrer neuen Heimat keine Feinde haben und auch nicht bejagt werden, existiert mittlerweile in der Wakenitzniederung eine Kolonie von 80 bis 100 Tieren. Einige Schätzungen gehen sogar von 200 wildlebenden Pampasstraußen aus.

Die Akzeptanz der Fremdlinge in der Wakenitzniederung ist – zumindest zurzeit noch – abhängig von der jeweiligen Interessenlage. Tourismusagenturen und Hoteleigentümer begrüßen die Straußenvögel als willkommene Attraktion für den Fremdenverkehr, die den Erlebniswert der Wakenitzniederung kräftig steigere. Man betrachtet dort die exotischen Nandus als regelrechte Lockvögel für zahlungskräftige Besucher der abgelegen Naturidylle.

Hoteleigentümer betrachten die Nandus als Lockvögel für Besucher.

Naturschützer dagegen befürchten, dass die Laufvögel aus Südamerika einen nicht unerheblichen negativen Einfluss auf das sensible heimische Ökosystem haben könnten. Zum einen wird befürchtet, dass sich die gefiederten Zuwanderer mit der Zeit zu Nahrungs- und Lebensraumkonkurrenten für heimische Großvögel entwickeln. Zum anderen rechnet man damit, dass die ständig wachsende Nanduschar im mit vielen Millionen Euro gepflegten Naturschutzgebiet Wakenitzniederung zunehmend seltene Amphibien und Heuschrecken verzehrt oder die Gelege von bodenbrütenden Vögeln wie etwa dem Ziegenmelker und der Heidelerche plündert. Zwar sind Nandus in erster Linie

Vegetarier, die sich an Kräuter, Gräser, Früchte und Samen halten. In Wachstums- oder Brutphasen aber benötigen die riesigen Laufvögel viel Eiweiß: Dann stehen auf ihrem Speisezettel eben auch kleine Wirbeltiere und reichlich Insekten.

Das Lübecker Straßenbauamt betrachtet die Nandus ebenfalls mit gemischten Gefühlen. Man befürchtet, dass sich die gefiederten Riesen bei entsprechender Vermehrung bald zu einem ernsthaften Problem für die Verkehrssicherheit entwickeln könnten. Kollisionen mit schnell fahrenden Pkws wären äußerst gefährlich, denn der Körperschwerpunkt der Straußenvögel liegt unglücklicherweise genau auf Höhe der Windschutzscheibe.

> Der Körperschwerpunkt der Straußenvögel liegt genau auf Höhe der Windschutzscheibe.

Die Rechtslage in Sachen ausgebüxter Ossi-Pampasstrauße erscheint indes völlig unklar. Während Nandubefürworter die Vögel durch das Washingtoner Artenschutzabkommen geschützt sehen, argumentieren Nandugegner, ebendieses Schutzabkommen könne gar nicht herangezogen werden, da es nur für die ursprüngliche Heimat der Vögel, nicht aber für Einwanderungsgebiete gelte.

In ihrer südamerikanischen Heimat hatten Nandus übrigens lange Zeit keinen leichten Stand. Die Straußenvögel wurden oft von Farmern, die um ihre Weideflächen beziehungsweise ihren Ernteertrag fürchteten, und wegen ihrer Haut und ihrer Federn erbarmungslos gejagt, sodass die Bestände in einigen Ländern deutlich zurückgingen. Diverse Jagdbeschränkungen, Ausfuhrverbote von Nandu-

Eine Symbiose der besonderen Art

In der Pampa kann man oft Gemeinschaftsherden aus Nandus und Pampashirschen beobachten. Diese außergewöhnliche Gruppenzusammensetzung dient beiden Protagonisten. Das scharfe Sehvermögen und das hervorragende Gehör der Nandus und der feine Geruchssinn der Pampashirsche ergänzen sich nämlich ganz ausgezeichnet – da haben nahende Feinde nur wenig Chancen.

produkten und die Einrichtung von Naturschutzgebieten haben diesen Trend jedoch glücklicherweise gestoppt, sodass die Vögel bisher nicht in die Rote Liste der gefährdeten Arten aufgenommen werden mussten. Diese Tatsache darf jedoch nicht darüber hinwegtäuschen, dass der Lebensraum der großen Vögel durch die kontinuierliche Umwandlung der Graslandschaften in landwirtschaftlich genutzte Flächen immer weiter eingeengt wird.

Ein Rambo als alleinerziehender Vater

Nandus frönen, wie andere Straußenvögel auch, der Polygamie. In der Brutzeit scharen die Männchen (ihrem Balzruf „nan-du!" verdanken die Vögel ihren Namen) einen Harem von möglichst vielen Weibchen um sich, den sie gegenüber Konkurrenten mit heftigen Schnabelhieben und wütenden Fußtritten energisch verteidigen.

Nach erfolgreicher Schwängerung durch den Pascha legen die Weibchen dann ihre Eier – schön eine Dame nach der anderen – in das zuvor vom Männchen angelegte, rund ein Meter große Nest. Ab diesem Zeitpunkt ist das Brutgeschäft und die Aufzucht der Jungen reine Männersache – der Nanduhahn betätigt sich als alleinerziehender Vater. Normalerweise umfasst so ein Sammelgelege rund 20 Eier, es wurden aber auch schon Spitzengelege mit 80 Eiern und mehr entdeckt. Klar, dass selbst der fleißigste Hahn nicht so viele Eier bedecken und ausbrüten kann. Deshalb bleiben oft einige der Eier unbebrütet.

Mit einem werdenden Nanduvater ist übrigens in der Brutzeit nicht gut Kirschen essen. Der gefiederte Papa greift nämlich alles an, was sich in ungebührlicher Weise dem Nest nähert. Da macht ein Nanduvater im Zoo auch vor seinen Pflegern und in freier Wildbahn vor berittenen Viehhirten nicht halt – in einem Fall wurde sogar einmal ein Kleinflugzeug (!) attackiert. Selbst die Mütter werden nicht mehr zum Nest vorgelassen.

Auch nach dem Schlüpfen kümmert sich der Nandupapa noch intensiv um seinen Nachwuchs. Das ist eine gewaltige Aufgabe bei dieser Menge Kinder, gilt es doch, die immer umtriebiger werdende Kinderschar ständig zusammenzuhalten. Die Kleinen geben übrigens unablässig Pfeiflaute von sich, damit der Herr Papa sie im Bedarfsfall auch wiederfindet. Geht jedoch ein Küken wirklich verloren, wird es oft einfach von einem anderen Nanduvater adoptiert.

Was macht der Papagei im Vogelhäuschen?

Allmählich hat es sich nicht nur bei Ornithologen herumgesprochen: Wer mitten in Deutschland Hunderte von Papageien in der freien Natur beobachten will, sollte den Biebricher Schlosspark in Wiesbaden aufsuchen. Seit mehreren Jahrzehnten lebt in der ehemaligen Residenz der Fürsten von Nassau eine Kolonie von Halsbandsittichen (*Psittacula krameri*). Diese bis zu 45 Zentimeter großen, zu den Edelpapageien zählenden Vögel verdanken ihren Namen dem charakteristisches „Halsband", das als schwarzer Streifen an der Kehle beginnt und in ein rosafarbenes Nackenband übergeht. Die Sittiche sind im Flug leicht an ihrem leuchtend gelb-grünen Gefieder zu erkennen und machen die Schlossparkbesucher oft schon aus großer Entfernung durch ihre lärmenden Schreie auf sich aufmerksam.

Aber wie kommen Hunderte von Papageien einer Art, die aus Afrika und Asien stammen und in Deutschland bisher nur als wohlbehüteter Käfigvogel aufgefallen war, in einen hessischen Schlosspark?

Die ersten freilebenden Halsbandsittiche konnte man bereits 1974 in der hessischen Landeshauptstadt beobachten. Die Papageien verdankten ihre Freiheit wahrscheinlich einem Unfall: Die bunten Piepmätze suchten nämlich – so vermuten zumindest Experten – das Weite, als ein umstürzender Baum die Voliere eines Wiesbadener Zoogeschäftes zertrümmerte. Andere Halsbandsittichspezialisten sind allerdings der Meinung, die Wiesbadener Population stamme von den Kölner Halsbandsittichen ab, die bereits seit Ende der 1960er Jahre in der Domstadt brüten.

Zoogeschäft oder Kölner Einwanderer? Die Herkunft der Sittiche ist unklar.

So oder so, die gefiederten Neuhessen vermehrten sich jedenfalls prächtig: Bereits 1985 konnten 20 Brutpaare in Wiesbaden beobachtet werden. 1996 war die Halsbandsit-

tichpopulation in der hessischen Metropole auf 420 Exemplare, 2001 auf stolze 550 Exemplare angewachsen. Heute schätzt man, dass sich rund 1200 wildlebende Halsbandsittiche in Wiesbaden tummeln.

Der Biebricher Schlosspark mit seinem günstigen Mikroklima ist für die Papageien wohl vor allem aus zwei Gründen als Revier so attraktiv: zum einen weil durch die reichlich vorhandenen Futterpflanzen stets für das leibliche Wohl gesorgt ist und zum anderen weil für die Höhlenbrüter viele hohe Bäume mit passenden Bruthöhlen als Schlafbäume zur Verfügung stehen.

Der laute Straßenverkehr und die grelle Straßenbeleuchtung stören Hessens Exoten offenbar wenig. Ganz im Gegenteil: Verkehrslärm und Licht bieten den Vögeln einen guten Schutz gegen räuberische Eulen, die unter solchen Bedingungen keinen Gefallen an der Jagd auf die Sittiche finden.

> **Verkehrslärm und Licht schützen die Sittiche vor räuberischen Eulen.**

Die beste Beobachtungszeit ist übrigens im Winter, da man im Frühjahr und Sommer die grün Gefiederten im Laub der Bäume nur schwer ausmachen kann – hören kann man sie allerdings das ganze Jahr über.

Die Wiesbadener Population ist – wie bereits erwähnt – bei Weitem nicht die einzige Kolonie freilebender Halsbandsittiche in Deutschland. Auch in Köln, Düsseldorf, Bonn, Leverkusen, Mainz, Mannheim, Ludwigshafen und Heidelberg haben sich kleine Gruppen aus Gefangenschaftsflüchtlingen mittlerweile zu ansehnlichen Beständen gemausert. Offensichtlich sagt den grünen Papageien das milde Großstadtklima und das üppige und abwechslungsreiche Nahrungsangebot in den Parks und Gärten der Städte entlang der Rheinlinie und im Neckartal zu. Nach Schätzungen von Experten leben mittlerweile insgesamt 8000 bis 10 000 Halsbandsittiche in Deutschland. Aber auch einige unserer europäischen Nachbarn müssen nicht auf das exotische Beobachtungsvergnügen verzichten, denn in einigen Gebieten Frankreichs, Belgiens und der Niederlande sowie im Süden Englands haben sich mittlerweile stabile Halsbandsittichpopulationen gebildet.

Man schätzt, dass es heute insgesamt knapp 30 000 freilebende Halsbandsittiche in Europa gibt. Darüber hinaus haben Gefangenschaftsflüchtlinge inzwischen auch in

Exotische Schönheiten – mitten in Heidelberg!

den USA, Südafrika und in Japan stabile Populationen gebildet.

Einer Legende nach soll es ein Steuermann aus der Flotte Alexanders des Großen namens Onesikritos gewesen sein, der 327 nach Christus Halsbandsittiche in seine griechische Heimat gebracht habe. Diese Legende hat den Vögeln auch ihren Zweitnamen „Kleiner Alexandersittich" eingetragen. Sowohl im alten Griechenland als auch später in Rom waren die oft in aufwändig gestalteten Käfigen gehaltenen Papageien bald begehrte Hausgenossen. Allerdings konnten sich nur gut betuchte Bürger einen Alexandersittich leisten – lag doch der Preis eines Vogels deutlich über dem eines Sklaven.

> **Der Preis eines Alexandersittichs lag deutlich über dem eines Sklaven.**

Die winterlichen Minusgrade machen den robusten Halsbandsittichen im Gegensatz zu vielen anderen Papageienarten relativ wenig zu schaffen, denn auch in den Heimatregionen der Vögel, zum Beispiel in Indien, kann es mitunter empfindlich kalt werden.

Zudem schlägt der Winter gerade an den am Rhein und Neckar gelegen Städten weniger hart zu als in anderen deutschen Metropolen. Was den Vögeln allerdings schadet, ist Kälte, die mit Feuchtigkeit verbunden ist. Dann kommt es nämlich recht häufig zu Erfrierungen an den unteren Extremitäten. So konnten gerade in Wiesbaden bei vielen Halsbandsittichen vermutlich frostbedingte Fußschäden beobachtet werden.

An Nahrungsmangel müssen die Sittiche in der kalten Jahreszeit wahrhaftig nicht leiden, gibt es doch auch im Winter genügend Beeren und Samen in den Gärten und Parks, mit denen sich die Vögel den Bauch vollschlagen können. Um ihren knurrenden Magen zu füllen, suchen die Vögel aber auch gerne mal – der Winterfütterung der Wiesbadener Bürger sei Dank – ein Vogelhäuschen auf oder verputzen einen Meisenknödel. Manche Vogelfreunde spießen für die bunten Neuwiesbadener in ihren Gärten auch Apfelstücke auf die Äste von Bäumen und Sträuchern – ein Service, der von den Sittichen dankbar angenommen wird.

Wo alte Baumhöhlen als Behausung Mangelware sind, greifen die schlauen Papageien zur Selbsthilfe und bedienen sich der Errungenschaften der modernen Zivilisation:

In einem Heidelberger Altenwohnheim haben die Vögel einfach mit ihrem scharfen Schnabel Löcher in den Wandputz der Fassade geknabbert und anschließend eine komfortable Bruthöhle in die darunter liegende Dämmschicht aus Styropor genagt. So lässt sich auch ein extrem kalter Winter gemütlich überstehen. Versuche der vom Geschrei der Vögel genervten Heimleitung, die Schlupflöcher zu den künstlichen Höhlen einfach zuzuputzen, scheiterten kläglich. Die pfiffigen Papageien knabberten sich einfach immer wieder neue Zugangslöcher. Erst das Anbringen geeigneter Nistkästen setzte der lästigen Fassadenknackerei ein Ende.

> In der Dämmschicht aus Styropor lässt sich ein kalter Winter äußerst gemütlich überstehen.

Die hübschen Papageien sind jedoch auch bei korrektem Wohnverhalten nicht allen Bürgern als Bereicherung der heimischen Fauna willkommen: Ihr Mitteilungsbedürfnis untereinander ist ziemlich groß, ihr Stimmorgan nicht gerade melodisch. Das laute Geschrei, Gemecker und Gekrächze, das die Vögel in der Nähe ihrer Schlafbäume veranstalten, ist für ihre menschlichen Nachbarn nur schwer zu ertragen. Genervte Anwohner finden da höchstens Trost in der Tatsache, dass nach Sonnenuntergang bei den gefiederten Schreihälsen Ruhe einkehrt.

Auch unter den Gartenbesitzern und Obstbauern haben die Halsbandsittiche nicht nur Freunde, vergreifen sie sich doch öfters an den süßen Früchten der Obstbäume. Zu großräumigen Schäden ist es – zumindest nach Aussage der zuständigen Landwirtschaftskammer – aber noch nicht gekommen. Das könnte sich jedoch ändern, wenn die Zahl der grün gefiederten Neubürger weiter zunimmt. Und eins ist klar: Auf eine Vogelscheuche werden die Halsbandsittiche mit Sicherheit nicht hereinfallen. Dafür sind sie viel zu schlau.

> Vogelscheuche zwecklos: dafür sind die Papageien viel zu schlau.

Ob die Präsenz der Papageien einen negativen Einfluss auf die alteingesessene Fauna unserer Parks und Gärten hat, ist noch nicht geklärt. Befürchtungen, die durchsetzungsfähigen Halsbandsittiche könnten heimischen höhlenbrütenden Vogelarten wie Meisen und Spechten in großem Stil die Nistplätze beziehungsweise Fledermäusen die Sommer-

quartiere streitig machen, haben sich nach Beobachtungen von Experten bisher nicht bestätigt.

Übrigens: Die Halsbandsittiche von Wiesbaden sind beileibe nicht die ersten freilebenden Papageien in Deutschland. Bereits im Tertiär vor 50 Millionen Jahren, als hierzulande noch tropische Temperaturen herrschten, flatterten zumindest in den hessischen Wäldern primitive Verwandte unserer heutigen Papageien fröhlich umher, wie Fossilien aus der weltberühmten Grube Messel bei Darmstadt belegen.

Bunt gefiederte Neuschwaben

Halsbandsittiche sind nicht die einzigen Papageien, die in Deutschland Freilandpopulationen bilden. Mitten in Stuttgart gibt es zum Beispiel seit fast 25 Jahren eine Kolonie von Gelbstirnamazonen (*Amazona ochrocephala*) – einer großen Papageienart, die eigentlich in Mittel- und Südamerika heimisch ist.

Die Geschichte der bunt gefiederten Neuschwaben ist schnell erzählt: 1984 tauchte auf dem Gelände des berühmten Stuttgarter Zoos, der Wilhelma, eine freilebende Gelbstirnamazone auf, die offensichtlich anderswo ihrer Gefangenschaft überdrüssig geworden war. Der Vogel versuchte verzweifelt, zu seinen dort in Volieren gehaltenen Artgenossen Kontakt aufzunehmen.

Die Tierpfleger des Zoos versorgten den Neuankömmling mit Futter und ließen – so will es zumindest die Legende – im Frühjahr 1985 eine Gelbstirnamazone aus den Zoobeständen frei, die dem einsamen Gefangenschaftsflüchtling das Leben versüßen sollte. Diese Befreiung war offensichtlich nicht nur der Beginn einer wunderbaren Freundschaft, sondern auch der Gründungsakt der Stuttgarter Gelbstirnamazonenkolonie: Bereits 1986 kam es zur ersten Freilandbrut. Die exotischen Vögel scheinen sich in der Schwabenmetropole wohlzufühlen, denn heute bevölkern rund 50 freilebende Gelbstirnamazonen den an die Wilhelma angrenzenden Rosensteinpark.

Auf einem Bein in Deutschland

Wer einmal einen Chileflamingo (*Phoenicopterus chilensis*) in freier Natur beobachten will, muss keineswegs eine zeit- und kostenintensive Reise nach Südamerika unternehmen, wo die Vögel üblicherweise an salzigen und schlammigen Flachwasserseen anzutreffen sind. Es genügt, dem Zwillbrocker Venn einen Besuch abzustatten, einem rund 185 Hektar großen, als Naturschutzgebiet ausgewiesenen Feuchtgebiet, das etwa 80 Kilometer nördlich von Münster direkt an der deutsch-niederländischen Grenze gelegen ist. Dort existiert nämlich – reif für einen Eintrag ins Guiness-Buch der Rekorde – die nördlichste Chileflamingokolonie der Welt.

> Das ist Rekord: Bei uns lebt die nördlichste Chileflamingokolonie der Welt.

Besucher, die ohne Fernglas kommen, sind bei einem Besuch der münsterländischen Flamingokolonie allerdings meist bitter enttäuscht, denn die Vögel verrichten ihr Brutgeschäft auf einer einsamen Insel inmitten eines 35 Hektar großen Sees. Und da es sich um ein Naturschutzgebiet handelt, gilt natürlich: Betreten verboten.

Die gefiederten Neubürger wurden Anfang der 1980er Jahre eher zufällig von Naturschützern im Zwillbrocker Venn entdeckt. Ihre Herkunft ist ungeklärt. Sicher ist nur: Die Vögel sind nicht per Langstreckenflug aus Südamerika nach Nordrhein-Westfalen gekommen, sondern entweder aus Zuchtgehegen ausgebüxt oder von ihren Haltern bewusst ausgesetzt worden. Aus deutschen Zoos stammen die Gefangenschaftsflüchtlinge wahrscheinlich nicht, denn dort werden den Vögeln üblicherweise aus verständlichen Gründen die Flügelfedern gestutzt.

Bald gesellten sich auch noch Rosaflamingos zu ihren Vettern aus Südamerika, und sogar ein einsamer, offensichtlich weiblicher Kubaflamingo sieht seit längerer Zeit das Feuchtgebiet an der Grenze zu den Niederlanden als sein neues Zuhause an. Von den rund 40 Flamingos, die

Sicher keine „Extremnomaden der Lüfte" sondern Gefangenschaftsflüchtlinge

mittlerweile im Zwillbrocker Venn leben und brüten, stellen allerdings die Chileflamingos den Löwenanteil.

Das Zwillbrocker Venn haben sie sich wahrscheinlich wegen der dort herrschenden äußerst günstigen Ernährungslage ausgesucht. Im nordrhein-westfälischen Feuchtgebiet ist der Tisch für die rosa Neubürger reichlich gedeckt. Das Naturschutzgebiet beherbergt nämlich auch eine riesige Lachmöwenkolonie von mehreren Tausend Vögeln. Der anfallende Kot dieser Möwen sorgt für nährstoffreiches Wasser im See des Zwillbrocker Venns, was dort wiederum zu einer starken Vermehrung des Planktons führt. Und genau dieses Plankton stellt die Hauptnahrung von Flamingos dar. Die Vögel mit den langen, dünnen Beinen können die Kleinstlebewesen dank eines speziellen Siebs im Schnabel mühelos aus dem Wasser herausfiltern. Genügend Futter in hoher Qualität ist eben ein unschlagbarer Standortvorteil.

> Lachmöwenkot sorgt bei den Flamingos für einen reich gedeckten Tisch.

Nebenbei: Die Zungen der Flamingos galten, wie uns der Historiker Plinius der Ältere in seiner „Naturalis historia" berichtet, bei den Römern aufgrund ihres „herausragenden Geschmacks" einst als Delikatesse.

Interessanterweise haben die nordrhein-westfälischen Flamingos die gleiche rosa Färbung wie ihre Verwandtschaft in den jeweiligen Heimatländern. Interessant ist dies deshalb, weil in Zoos gehaltene Flamingos oft aufgrund „falscher" Ernährung ihre schöne rosa Farbe verlieren. Die ist nämlich auf im Plankton enthaltene Carotinoide zurückzuführen, die die Flamingos mit der Nahrung aufnehmen und dann mit Hilfe von Leberenzymen in Pigmente umwandeln, die in Haut und Federn abgelagert werden. Offensichtlich sind im Zwillbrocker Venn also ausreichend Kleinstlebewesen vorhanden, die genauso „färbend" wirken wie das Plankton der südamerikanischen Salzseen.

Die ziemlich niedrigen Temperaturen in ihrem neuen Gastland stören die Flamingos nicht übermäßig, sie sind sie aus ihrer Heimat gewohnt. Kältetechnisch gesehen, könn-

ten sie sogar den Winter in Nordrhein-Westfalen überstehen. Aber in der kalten Jahreszeit bevölkert deutlich weniger Plankton den See, manchmal behindert auch eine Eisdecke den Zugang zum begehrten Krebschencocktail. Daher wandern die Vögel in den Wintermonaten einfach ins Rheindelta an der niederländischen Küste, wo das salzhaltige Wasser genügend Nahrung bietet und auch in strengen Wintern nicht zufriert. Im März kehren sie dann wieder ins Zwillbrocker Venn zurück.

Übrigens: Wenn man dort das Glück hat, zwei Flamingos bei der Kopulation zu beobachten, muss es sich nicht zwangsläufig um ein heterosexuell orientiertes Pärchen handeln. Es gibt tatsächlich an der deutsch-niederländischen Grenze auch schwule und lesbische Flamingopaare.

Warum stehen Flamingos auf einem Bein?

Wer schon einmal mehrere Minuten auf nur einem Bein gestanden hat, weiß, was für ein kräftezehrender Balanceakt das sein kann – zumindest für den akrobatisch nicht geübten Probanden. Beobachtet man dagegen eine Flamingokolonie, fällt sofort auf, dass die Vögel in Ruhephasen ständig und über einen langen Zeitraum auf einem Bein stehen. Lediglich von Zeit zu Zeit wechseln sie das Standbein.

Den Balanceakt führen die Tiere jedoch nicht etwa aus Spaß an der Freude durch, sondern um Energie zu sparen. Bei Flamingos geht nämlich eine ganze Menge Wärme über die ungefiederten Beine verloren, deshalb halten die Vögel lieber ein Bein im gut isolierten Gefieder warm und stellen nur das andere in den Wind, um den Wärmeverlust so gering wie möglich zu halten.

Unbequem oder gar kräftezehrend ist das Ein-Bein-Stehen für die rosa Vögel übrigens nicht. Dafür sorgt ein besonders ausgebildetes Gelenk im Bein. Wird das Bein gestreckt, schnappt dieses Gelenk ähnlich wie ein Taschenmesser auf, und schon steht der Flamingo sicher und knickt nicht ein – ganz ohne Muskelkraft.

Flamingos sind übrigens bei Weitem nicht die einzigen Vögel, die ihr Schläfchen auf einem Bein halten. Auch andere langbeinige Vogelarten, wie etwa Störche oder Reiher, sparen so wertvolle Energie.

Lautstarker Gigant mit Riesenappetit

N och vor wenigen Jahren konnte man bei einem sommerlichen Abendspaziergang in den Rheinauen nördlich von Karlsruhe durch die Abendstille dringende dumpfe Laute vernehmen, die selbst einen Tierkenner an das Muhen eines gelangweilten Ochsen erinnern konnten.

Was da die Auenlandschaft beschallte, waren jedoch mitnichten Rindviecher, die sich in der sumpfigen Landschaft verlaufen hatten, sondern männliche Ochsenfrösche (*Rana catesbeiana*) auf Freiersfüßen. Die Männchen dieser riesigen Froschart, die eigentlich in den deutschen Rheinauen gar nichts zu suchen hat, sondern üblicherweise in Nordamerika zu Hause ist, versuchen nämlich mit ihrem bis zu zwei Kilometer weit schallenden nächtlichen „Ochsengebrüll" während der Balzzeit Weibchen anzulocken und gleichzeitig ihr Revier gegenüber Rivalen akustisch abzustecken.

Die nordamerikanischen Frösche sind mit einer Körperlänge von bis zu 60 (!) Zentimetern und einem Gewicht von manchmal deutlich mehr als einem Kilo wahre Giganten

Mit bis zu 60 Zentimeter Länge und einem Kilo Gewicht sind sie Giganten.

unter den Amphibien. Wie sie in die Karlsruher Auenlandschaft gelangt sind, konnte bis heute nicht einwandfrei geklärt werden. Vermutlich hat ein Zoohändler, der Anfang der 1990er Jahre nach der Aufgabe seines Geschäfts, in dem nachweislich Ochsenfrösche und ihre Larven verkauft worden waren, die Tiere einfach in den benachbarten Rheinauen ausgesetzt. Einer anderen Theorie zufolge sollen Aquarianer die Tiere als Kaulquappen im Zoohandel gekauft und sie später, als die Frösche für das heimische Terrarium deutlich zu groß geworden waren, kurzerhand im nächstbesten See entsorgt haben.

Der nordamerikanische Ochsenfrosch ist aber beileibe nicht das erste Mal in Deutschland zu Gast. Bereits 1934 hatten findige Geschäftsleute fünf Paare aus Philadelphia in

Stottern kann so sexy sein

Eine kürzlich an der amerikanischen Brown University durchgeführte Studie hat erstaunliche Erkenntnisse in Sachen Ochsenfroschgequake zutage gefördert: Ochsenfroschmänner geraten bei ihren Balzgesängen oft heftig ins Stottern. An einer mangelnden Kondition kann das jedoch nicht liegen, denn ihre Revierbeanspruchungsgesänge tragen sie durchaus fließend und vollkommen ohne verlegene Stotterpausen vor. Diese Erkenntnis lässt nach Ansicht der amerikanischen Forscher nur einen Schluss zu: Weibliche Ochsenfrösche stehen auf stotternde Bewerber, oder um es anders auszudrücken: Stottern gilt in Ochsenfroschkreisen als ziemlich sexy!

die Lüneburger Heide gebracht, wo die importierten Hüpfer in einem Teich bei Celle den Grundstock für eine einträgliche Froschschenkelproduktion bilden sollten. Tatsächlich entwickelten sich aus den gewaltigen Mengen Laich, den die Importfrösche unmittelbar nach ihrer Ankunft abgegeben hatten, rund 20 000 Kaulquappen, die im Mai 1935 ihre Entwicklung zum erwachsenen Frosch abgeschlossen hatten. Als einige aus ihrem Gehege ausgebrochen waren und mit lautstarkem nächtlichem Gebrüll ihre Präsenz bewiesen hatten, wurde die Sache einigen Teichwirten in der Umgebung zu bedrohlich. Die Fischzüchter fürchteten, die vermeintlichen Fischschädlinge könnten einen negativen Einfluss auf den Besatz ihrer Zuchtbetriebe haben. Sie zogen deshalb vor den Kadi und legten gegen die Existenz der Ochsenfroschzuchtanlage Einspruch ein. Dem Verlangen der Teichwirte wurde stattgegeben und die Zuchtanlage auf behördliche Anordnung dichtgemacht. Die entwichenen Ochsenfrösche wurden erbarmungslos gejagt und mit Schrotflinten (!) erschossen.

> Importierte Ochsenfrösche sollten für eine einträgliche Froschschenkelproduktion sorgen.

In den 1990er Jahren gab es in einem Rückhaltebecken nahe Bonn sowie in einem Gartenteich in Böblingen bei Stuttgart noch zwei weitere freilebende und sich fröhlich fortpflanzende Ochsenfroschpopulationen. Die Entstehungsgeschichte dieser Freilandvorkommen ist nicht bekannt. In beiden Fällen wurde jedoch durch Abfangen der Tiere und Einzäunen beziehungsweise Leerpumpen der Gewässer nicht nur eine Ausbreitung verhindert. Die Zahl der Ochsenfrösche selbst wurde so erfolgreich dezimiert, dass in beiden Gewässern heute mit großer Wahrscheinlichkeit keine von ihnen mehr anzutreffen sind.

Eine sehr fragwürdige Delikatesse

Darüber hinaus werden in Deutschland immer wieder einzelne ausgesetzte Exemplare auffällig. Ein rund 800 Gramm schweres Männchen zum Beispiel hatte über neun Jahre lang in Karlsruhe-Durlach fröhlich in einem Gartenteich gelebt, bevor es dann doch auf behördliche Anordnung aus dem Verkehr gezogen wurde.

Die deutschen Ochsenfrösche sind im Übrigen nicht die einzigen in Europa. So wurden die nordamerikanischen Riesenfrösche wegen ihrer üppigen Schenkel bereits im 19. Jahrhundert erfolgreich in Südengland und in den

1930er Jahren in der italienischen Poebene angesiedelt. Weitere Vorkommen existieren heute in den Niederlanden, in Belgien und Frankreich.

Doch zurück zu den Rheinauen bei Karlsruhe. Ochsenfrösche mitten in Deutschland, das war eine Tatsache, die sofort Wissenschaftler und Naturschützer auf den Plan rief. In diesem sich explosionsartig verbreitenden Neubürger aus Übersee sah man schnell eine nicht zu unterschätzende Gefahr für die heimische Tierwelt, denn der XXL-Frosch ist nicht nur äußerst vermehrungsfreudig, sondern bedroht auch unsere heimischen Amphibien.

Die Studie eines Offenburger Wissenschaftlers, der das Beutespektrum der gefräßigen Tiere anhand von Magenanalysen untersucht hat, zeigte nämlich, dass der Ochsenfrosch am Oberrhein sogar seine deutschen Vettern mit Genuss verspeist. Allerdings belegten die Nahrungsanalysen auch, dass der Ochsenfrosch keinesfalls auf Frösche allein spezialisiert ist. Er ist das, was in der Wissenschaft als „opportunistischer Omnivor" bezeichnet wird – ein kulinarischer Allrounder, der alle Tiere frisst, die kleiner sind als er selbst und die er verhältnismäßig leicht erbeuten kann.

So stehen auf dem Speiseplan des Ochsenfroschs neben den heimischen Amphibien auch Insekten, Fische, Mäuse, Ratten und sogar junge Enten. Die Jumbofrösche haben offensichtlich zudem einen Hang zum Kannibalismus: Kleinere

> **Er frisst jedes Tier, das kleiner ist als er selbst.**

Artgenossen werden von ihnen keinesfalls verschmäht. Unbestätigten Berichten zufolge sollen besonders kräftige Exemplare sogar Katzen attackiert haben und auf Menschen losgesprungen sein.

Dass sich das Ochsenfroschproblem von alleine lösen würde, konnte man nicht hoffen. Denn während die gewaltigen Frösche und ihr Nachwuchs in ihrer amerikanischen Heimat von Alligatoren, Schildkröten, Wasserschlangen und einigen Fischarten gejagt werden, fehlen offensichtlich in Europa jegliche natürliche Feinde. Sogar Hechte und Raubaale lassen die Flossen von den bis zu 17 Zentimeter großen Kaulquappen. Nach Meinung der Experten verdirbt ein Abwehrstoff in der Haut des Ochsenfroschnachwuchses den Raubfischen den Appetit.

Weil man fürchtete, eine weitere Ausbreitung des Ochsenfroschs könnte zu einer erheblichen Dezimierung der

Ochsenfroschschenkel sorgen beinahe für Hungersnot

Froschschenkel werden wegen ihres zarten Fleisches schon seit vielen Jahren in zahlreichen europäischen Ländern als Delikatesse geschätzt. In Deutschland jedoch gilt ihr Verzehr heute als weitestgehend politisch unkorrekt. Die Nachfrage nach den Froschextremitäten ist daher entsprechend gering. Tierschützer hierzulande kritisieren völlig zu Recht die brutale Art der Tötung, bei der den Amphibien oft bei lebendigem Leib einfach die Hinterschenkel herausgerissen werden.

Ganz anders stellt sich die Situation in Frankreich, der Schweiz, in Belgien oder Portugal dar: Hier werden immer noch jährlich Tausende Tonnen von Froschschenkeln verzehrt.

Während im 20. Jahrhundert meist auf heimische Arten zurückgegriffen wurde, werden die Froschschenkel heute weitgehend aus Übersee importiert. Die meisten Amphibien-

beine auf dem Weltmarkt stammen vom Asiatischen Ochsenfrosch (*Rana tigrina*). So haben Bangladesh und Indien allein 1990 rund 6500 Tonnen Froschenkel exportiert. Eine Menge, für die etwa 150 Millionen Ochsenfrösche ihr Leben lassen mussten. Unglücklicherweise wurden diese ungeheuren Mengen an Fröschen aus den Reisfeldern der genannten Länder entnommen, wo die Amphibien eine wichtige Rolle als Insektenvertilger spielen. Als Folge vermehrten sich zahlreiche Insektenarten explosionsartig, darunter auch einige, die an Reis schädlich sind. Daraufhin mussten zur Verhinderung einer Hungersnot teure und ökologisch nicht unbedenkliche Insektizide eingesetzt werden. Die dadurch entstandenen Kosten fraßen die aus dem Froschexport erzielten Gewinne nahezu vollständig auf. Rekordfroschschenkelexporteur ist heute Indonesien.

ohnehin schon gefährdeten einheimischen Amphibienarten führen, beschlossen die zuständigen Naturschutzbehörden unter Beteiligung der Stadt Karlsruhe, die Jagd auf die großen Amphibien aus dem Land der unbegrenzten Möglichkeiten zu eröffnen. Um Erfolg zu haben, mussten die Froschjäger – Mitarbeiter der damaligen Landesanstalt für Umweltschutz, verstärkt durch ehrenamtliche Helfer – zu einer äußerst ungewöhnlichen und etwas archaisch anmutenden Bekämpfungsmethode greifen. Ein Einsatz von Schrotflinten, mit denen man ja vor 80 Jahren erfolgreich

die Riesenquaker in der Lüneburger Heide gejagt hatte, kam diesmal gleich aus zweierlei Gründen nicht in Betracht: Zum einen ist der Gebrauch von Schusswaffen in Naturschutzgebieten untersagt, und zum anderen hätte man auf diese Weise nur einen einzigen Treffer pro Nacht gelandet, weil nach dem ersten Knall alle Artgenossen des Opfers abgetaucht wären. So rückte man mit Einwilligung des zuständigen Veterinäramtes den Ochsenfröschen mit Pfeil und Bogen auf den schleimigen Leib.

> **Mit Pfeil und Bogen rückte man den Ochsenfröschen auf den Leib.**

Die Kaulquappen, deren protzige Körper durchaus den Umfang eines Hühnereis erreichen können, versuchte man mit elektrisch geladenen Keschern zu erbeuten. Natürlich wurden die einschlägigen Gewässer auch ständig auf bereits abgelegte Laichballen überprüft. Schon die ersten Fangergebnisse der Lurchjäger konnten sich sehen lassen: Allein zwischen Juli und Oktober 2001 wurden 20 erwachsene Tiere sowie 20 000 Jungfrösche und Kaulquappen erbeutet, und im Jahr darauf erzielte man ähnliche Fangquoten. Das vielschichtige Bekämpfungsprogramm zeigte bald Wirkung: Bereits 2004 konnten weder Laich noch Kaulquappen des Ochsenfroschs in den relevanten Gebieten nachgewiesen werden. Heute kommt der Ochsenfrosch zwar immer noch in den Rheinauen nördlich von Karlsruhe vor – nach Angaben des Umweltamts der Stadt Karlsruhe wurde in den Jahren 2007 und 2008 jedoch jeweils nur ein einziges Exemplar in einem Baggersee entdeckt.

Der sechsbeinige Botschafter der Wallstreet

„Halt, Amikäfer!" lautete der Titel einer Broschüre, die im Juli 1950 in der DDR von Gerhard Eisler, Propagandachef der SED, herausgegeben wurde. Auf dem Cover sind Kartoffelkäfer mit Stars-and-Stripes-Färbung zu sehen, die auf grünen Bahnen gen Osten kriechen, wo sie allerdings von einer mächtigen Schranke aufgehalten werden. In den „Dokumenten zum Kartoffelkäferabwurf" konnte der geneigte Leser erfahren, dass die imperialistischen US-Amerikaner große Mengen schädlicher Kartoffelkäfer über dem Staatsgebiet der DDR abgeworfen hätten, um die Versorgung der DDR-Bürger mit Erdäpfeln nachhaltig zu sabotieren: „Die Flugzeuge, die das Attentat durchführten, flogen sämtlich aus dem Westen in das Gebiet der Deutschen Demokratischen Republik ein. Die Überprüfung der Flugroute hat ergeben, dass sie mit den Hauptbefallsstellen generell übereinstimmt. Der verbrecherische Anschlag ist damit als Ursache des plötzlichen massenhaften Auftretens des Kartoffelkäfers erwiesen."

In Moskau wurde dem ins Außenministerium einbestellten US-Botschafter eine Protestnote mit folgendem Wortlaut übergeben: „Die Sowjetregierung ist von der Regierung der Deutschen Demokratischen Republik davon in Kenntnis gesetzt worden, dass amerikanische Flugzeuge in der Zeit vom 22. Mai bis zum 7. Juni dieses Jahres in Verletzung der bestehenden Flugvorschriften [...] eine große Menge von Coloradokäfern, die ein gefährlicher Schädling der Kartoffelpflanzen sind, abgeworfen haben". Weiterhin wurden die USA in der Note dringend aufgefordert, die Verantwortlichen für den dreisten Käferüberfall umgehend zur Rechenschaft zu ziehen.

Heute weiß man, dass nichts dran war an der Geschichte vom Kartoffelkäferanschlag durch den „Klassenfeind". Mit

> Man beschuldigte die USA, sie hätten die Kartoffelkäfer über der DDR abgeworfen.

der Propagandaaktion wollte die DDR-Führung die Gründe für die schlechte Versorgungslage im eigenen Land den Westmächten in die Schuhe schieben. Die DDR-Bürger sollten die Schuld nicht in der sozialistischen Planwirtschaft, sondern bei den „sechsbeinigen Botschaftern der Wallstreet", wie die Kartoffelkäfer damals im besten SED-Jargon genannt wurden, suchen.

> **Die Kartoffelkäfer sollten als Sündenböcke für die schlechte Versorgungslage herhalten.**

Aber Propaganda hin, Propaganda her – eine gewaltige Bedrohung, nicht nur für die Landwirtschaft, war der Kartoffelkäfer damals durchaus. Die gestreiften Käfer, bei denen sich sowo hl die erwachsenen Tiere als auch die Larven von den Blättern der Kartoffelpflanze ernähren, besitzen nämlich dank großer Nachkommenschaft und kurzer Generationsdauer ein gewaltiges Vermehrungspotenzial. Daher sind sie in der Lage, in kürzester Zeit ein Kartoffelfeld ratzeputz leer zu fressen.

Die eigentliche Heimat des Kartoffelkäfers ist, wie sein zweiter Name Coloradokäfer nahelegt, der US-Bundesstaat Colorado. Dort ernährte sich der rund zehn Millimeter große Käfer ursprünglich von der Büffelklette, einer wildlebenden Pflanze, die ebenso wie die Kartoffel zu den Nachtschattengewächsen gehört. Mit der Eroberung des Westens und dem damit verbundenen verstärkten Anbau von Kartoffeln durch weiße Siedler ging der Käfer jedoch Ende des 19. Jahrhunderts auf diese neue Futterpflanze über. Offenbar mundete sie ihm nicht nur besser, sondern bot ihm auch deutlich günstigere Vermehrungs- und Entwicklungsmöglichkeiten.

Ab diesem Zeitpunkt begann ein unglaublicher Siegeszug des kleinen Käfers mit den charakteristischen zehn schwarzen Streifen auf den Flügeldecken. Er durchquerte innerhalb von gerade mal 15 Jahren den gesamten Kontinent und erreichte 1874 die nordamerikanische Atlantikküste mit ihren riesigen Häfen. Im Zeitalter des boomenden und immer schneller werdenden Schiffsverkehrs zwischen Neuer und Alter Welt war es dann eigentlich nur noch eine Frage der Zeit, wann der erste Käfer, eingeschleppt mit seiner Lieblingsspeise, in Europa auftauchen würde.

Und tatsächlich wurden Kartoffelkäfer bereits 1876 zuerst auf einem Dampfer und dann in einem Bremer Güterschuppen entdeckt. 1877 wurden die schädlichen Krabbler

Der kleine Käfer führte sogar zu totalen Ernteausfällen.

dann schon in den Häfen von London und Rotterdam sowie erneut in Deutschland, und zwar in Mülheim am Rhein und im sächsischen Torgau, nachgewiesen. Das Deutsche Reich war sich der drohenden Gefahr für die heimischen Kartoffelfelder wohl bewusst und reagierte mit einem zeitweiligen Importverbot für amerikanische Kartoffeln. In der Folgezeit konnten die immer wieder auftretenden lokalen Befallsherde in Europa, wenn auch oft unter unglaublichen Mühen, noch getilgt werden. 1914 beispielsweise wurde im norddeutschen Stade ein nur drei Hektar großer Acker mit Hilfe von 200 Soldaten, die 14 Tage lang rund 300 000 Käfer und Larven per Hand absammelten, von der Plage befreit. Der Einsatz verschlang die stolze Summe von 60 000 Goldmark.

> 200 Soldaten sammelten in 14 Tagen rund 300 000 Käfer und Larven ein.

Nach dem Ersten Weltkrieg war das Vorrücken des Käfers in Europa aber nicht mehr zu verhindern. 1922 vernichtete er rund um die nordfranzösische Stadt Bordeaux Kartoffelpflanzen auf mehr als 250 Quadratkilometer Anbaufläche. Von da an ging der Siegeszug des Kartoffelkäfers mit geradezu atemberaubendem Tempo weiter. 1935 waren bereits ganz Frankreich und Belgien befallen. 1936 überschritt der Käfer dann den Rhein und breitete sich in Deutschland mit einer Geschwindigkeit von rund 20 bis 30 Kilometern pro Jahr in östlicher Richtung aus.

Extrem förderlich für die rasche Ausbreitung des kleinen Insekts, dessen wissenschaftlicher Name *Leptinotarsa decemlineata* sich in etwa mit „Zehnstreifen-Leichtfuß" übersetzen lässt, war sicher auch das völlige Fehlen von Fressfeinden in seiner neuen Heimat. Während in den USA nämlich einige Vögel und Laufkäfer Kartoffelkäfer verspeisen, schreckten europäische Piepmätze lange Zeit vor der auffälligen Warnfarbe der neuen Art zurück. Erst in jüngerer

> Die heimischen Vogelarten schreckten lange vor den Warnfarben des Käfers zurück.

Zeit haben auch bei uns lebende Vögel, wie etwa Fasane, damit begonnen, die Käfer als Beute zu akzeptieren.

Die deutsche Regierung reagierte damals auf die krabbelnde Bedrohung mit der Gründung des „Kartoffelkäfer-Abwehrdienstes (KAD)", der, straff organisiert, dafür sorgen sollte, dass sich die gefräßigen Schädlinge nicht

„Der böse Amikäfer" – reine Propaganda

allzu sehr an den reichsdeutschen Kartoffelbeständen vergriffen. Vor allem Arbeitslose und vor Kriegsbeginn auch Soldaten wurden damals abkommandiert, die heimischen Kartoffelfelder nach den eingeschleppten Schädlingen abzusuchen und diese einzusammeln und zu vernichten.

Während des Krieges waren es besonders Schulkinder, die – angespornt durch die Parole: „Sei ein Kämpfer, sei kein Schläfer, acht' auf den Kartoffelkäfer!" – zum Kartoffelkäfersuchdienst verpflichtet wurden. Besonders eifrigen Sammlern winkten Fangprämien oder gar eine Auszeichnung mit der begehrten „Kartoffelkäfer Ehrennadel".

> **Heute ist der Kartoffelkäfer nahezu weltweit verbreitet.**

Allerdings waren die getroffenen Maßnahmen keineswegs ausreichend, denn bereits während des Zweiten Weltkrieges, aber vor allem danach, vernichteten die gefräßigen Käfer so viele Kartoffelpflanzen, dass es in einigen Anbaugebieten zu starken Ernteverlusten oder gar totalen Ernteausfällen kam.

1945 erreichte der Kartoffelkäfer dann die Elbe und 1950 die Oder. 1960 traf er nach der Durchquerung Polens in der Sowjetunion ein. Heute ist der Kartoffelkäfer nahezu weltweit verbreitet.

Kartoffelkäferbekämpfung heute

In der heutigen Zeit stellt der Kartoffelkäfer die Landwirte dank wirksamer Insektizide nicht mehr vor so unlösbare Probleme, wie es in der Vergangenheit der Fall war. Bekämpfte man in den 1950er und 1960er Jahren die gefräßigen Migranten zunächst noch mit umweltschädlichen Insektiziden wie DDT, wird den Käfern heute ökologisch deutlich unbedenklicher, aber den noch wirksam mit synthetischen Pyrethroiden oder biologischen Bekämpfungsmitteln zu Leibe gerückt. Man verwendet das Bakterium *Bacillus thuringiensis tenebrionis* oder Produkte des Neem-Baums.

Ein Glücksbringer als Plage

Marienkäfer sind bei uns Menschen aus zwei völlig unterschiedlichen Gründen äußerst beliebt: Zum einen gelten die kleinen Krabbler mit den Punkten auf den Flügeldecken als Glücksbringer, zum anderen schätzen vor allem Gartenbesitzer ihre Dienste als unermüdliche Vertilger von schädlichen Blattläusen. Immerhin futtert ein Siebenpunkt-Marienkäfer bis zu 50 der kleinen Pflanzensaftsauger pro Tag. Locker übertroffen in Sachen Blattlausverzehr wird unser bekanntester heimischer Marienkäfer jedoch von seinem Vetter, dem Asiatischen Marienkäfer (*Harmonia axyridis*), der es auf mehr als das Fünffache, nämlich bis zu 270 Blattläuse pro Tag bringt.

Der Asiatische Marienkäfer frisst mehr als fünfmal so viele Blattläuse wie unsere heimische Art.

Der gewaltige Appetit und seine daraus resultierende überaus beeindruckende „Blattlausvernichtungsrate" waren auch der Grund, warum der Käfer, der eigentlich in China und Japan zu Hause ist, Anfang der 1980er Jahre auf Betreiben der französischen Regierung nach Europa importiert wurde. Dort sollten die Tiere in Gewächshäusern – gewissermaßen als ökologische Alternative zum Einsatz chemischer Insektizide – schädliche Blattläuse vertilgen.

Nach zahlreichen Testeinsätzen unter der Federführung des nationalen Forschungsinstituts für Landwirtschaft (INRA) wurden die Importkäfer in großem Stil gezüchtet und ab 1995 von der französischen Firma „Biotop" in Frankreich, Belgien und den Niederlanden vermarktet. Unglücklicherweise entkamen jedoch einige der Zuchttiere in die freie Natur und begannen sich dort unkontrolliert auszubreiten. 2001 wurde der erste freilebende Asiatische Marienkäfer in Belgien entdeckt. Nach weiteren Funden wurde der Handel mit den Käfern eingestellt. Als kurz darauf „Biotop", um die Verbreitungsgefahr zu reduzieren, mit gentechnisch veränderten flügellosen Mutanten auf den Markt kam, war es zu spät. Das Kind war bereits in den Brunnen gefallen und der Vormarsch des Asiatischen Marienkäfers in Mitteleuropa nicht mehr zu stoppen.

Der Asiatische Marienkäfer variiert stark in der Färbung.

Bereits 2002 gab es an einigen Stellen in Deutschland Massenvorkommen. Seit 2004 ist der gepunktete Neubürger in Frankreich und in Großbritannien, seit 2006 in der Schweiz und in Polen, seit 2007 in Skandinavien anzutreffen. Weitere Populationen existieren in den Beneluxländern, in Österreich, Griechenland, Italien und sogar in Ägypten.

In den Vereinigten Staaten wurde der Asiatische Marienkäfer bereits 1916 – allerdings vergeblich – eingeführt. Erst nach erneuten Einbürgerungsversuchen gegen Ende der 1970er Jahre konnte sich der sechsbeinige Asiaimport, der im Englischen übrigens auf den schönen Namen „Multicolored Asian Lady Beetle" hört, im Land der unbegrenzten Möglichkeiten etablieren. Inzwischen hat er die gesamten USA erobert und ist sogar, ausgehend von den warmen Südstaaten, bis nach Kanada vorgedrungen.

Im Herbst kann er bei uns für so manchen Hausbesitzer zu einer nervigen Plage werden, denn zu dieser Jahreszeit kommt bei ihm eine ebenso verblüffende wie unangenehme Angewohnheit zutage: Die Tiere sammeln sich zunächst zu vielen Tausenden an den Süd- beziehungsweise Südwestwänden heller Gebäude, um sich dann zum Überwintern ein frostfreies, geschütztes Plätzchen im oder am Haus, wie beispielsweise in Tür- oder Fensterritzen, zu suchen. Da die Liebe der Menschen zur Natur oft jedoch nicht so weit geht, dass sie die kalte Jahreszeit in der Gesellschaft Tausender Käfer verbringen möchten, wird meist der Staubsauger angeworfen, um der herbstlichen Krabbelinvasion ein Ende zu setzen. Angst muss jedoch niemand haben: Für Menschen sind die asiatischen Insekten völlig ungefährlich.

Aber warum versammeln sich die Käfer – in der Wissenschaft wird dieses Phänomen einer herbstlichen Massenansammlung als „Überwinterungsaggregation" bezeichnet – ausgerechnet auf hellen Hauswänden? Offensichtlich, weil diese hellen, reflektierenden Flächen für die Käfer auch aus großer Distanz wahrnehmbar sind. In ihrer asiatischen Heimat suchen sie sich nämlich zum Überwintern sonnenbeschienene Felswände aus weißem bis ockerfarbigem Stein aus, in deren Spalten sie sich dann verkriechen. Während der Winterruhe fressen die Käfer übrigens nicht, sondern zehren von ihrem Körperfett.

Wissenschaftler sehen die rasante Verbreitung des Asiatischen Marienkäfers nicht ohne Sorge, denn anders als die alteingesessenen Marienkäfer vergreifen sich die Asiaten – wenn die Blattlausbestände verputzt wurden – auch an blattlausfressenden Gallmückenlarven und anderen nützlichen Insekten. Da kann es ganz schnell passieren, dass sich der Asiaimport vom Nützling zum Schädling wandelt. Darüber hinaus neigt die neue Art zum Kannibalismus und verspeist auch die Larven ihrer europäischen Verwandtschaft.

Und die Ausbreitung schreitet voran: Die Käfer vermehren sich dank hoher Fortpflanzungsraten ungehemmt. Während unser heimischer Siebenpunkt-Marien-

> **Die Züchtung flügelloser Mutanten kam zu spät – der Vormarsch war nicht mehr zu stoppen.**

> **Der Staubsauger bereitet der herbstlichen Käferinvasion ein Ende.**

käfer nur ein Mal im Jahr für Nachwuchs sorgt, bringt der Vetter aus Asien mindestens zwei, bei günstigen Umweltbedingungen aber auch drei oder sogar vier Generationen pro Jahr hervor. Zudem haben die Käfer kaum natürliche Feinde, da sie wie andere Marienkäferarten bei Gefahr eine gelbe, übelschmeckende und riechende Körperflüssigkeit durch das sogenannte Reflexbluten absondern können. Da vergeht den meisten Fressfeinden schnell der Appetit.

> Die neue Art verspeist auch die Larven ihrer europäischen Verwandtschaft.

Naturschützer befürchten deshalb, dass die gefräßigen Käfer, langfristig gesehen, einige der 80 heimischen Marienkäferarten in ihrem Bestand gefährden könnten. Die Experten verweisen hier auf die Situation in den USA, wo sich der Asiatische Marienkäfer vielerorts zur häufigsten Marienkäferart entwickelt und heimische Arten zum Teil drastisch zurückgedrängt hat.

Die europäischen Winzer sind von den Invasoren aus Asien ebenfalls nur wenig angetan. Die kleinen Krabbler haben nämlich die schlechte Angewohnheit, sich gerade zur Weinlesezeit zum Schutz vor Kälte und Regen zwischen und sogar in den Weintrauben zu verkriechen. Klar, dass die Käfer dann auch ab und an in größeren Mengen in die

Ausschweifender Marienkäfersex

In einem erfüllten Marienkäferleben geht es eigentlich nur um zwei Dinge: gutes Essen und guter Sex. Manchmal kombiniert eine Käferdame auch beide Tätigkeiten miteinander, gilt es doch, in einem kurzen Insektenleben Zeit zu sparen. Da kann der geneigte Entomologe schon mal ein Marienkäferweibchen beobachten, das sich auch während der Paarung eine Blattlaus nach der anderen munden lässt.

Zudem wechseln die beziehungstoleranten Glückskäfer im Schnitt jeden zweiten Tag ihren Partner.

So viel Promiskuität kann allerdings große Gefahren mit sich bringen, denn auch in Marienkäferkreisen kann man sich sehr schnell eine Geschlechtskrankheit einhandeln. Beim Marienkäfersex wird nämlich oft eine Milbe übertragen, die die Weibchen unfruchtbar macht.

Zu viel der Glücksbringer: Massenansammlung an einer menschlichen Behausung

Weinpresse geraten. Das hat nicht nur für sie selbst fatale Folgen: Beim Verarbeitungsprozess gelangt natürlich auch ihre äußerst bitter schmeckende Körperflüssigkeit in den Most, was zu erheblichen Einbußen in Sachen Weinqualität führen kann. Es genügen, wie Wissenschaftler herausgefunden haben, bereits zwei Käfer, um ein Kilo Weintrauben zu ruinieren. Dann wird aus einer wunderbaren Spätlese ein nahezu ungenießbarer „Bitterwein".

Die Sache mit den Punkten

Ein charakteristisches Merkmal von Marienkäfern sind die Punkte auf den Flügeldecken. Ihre Anzahl, die je nach Art zwischen zwei und 24 schwankt, verändert sich im Laufe eines Käferlebens übrigens nicht mehr und hat daher rein gar nichts mit dem Alter der Miniaturglücksbringer zu tun.

Der Name Marienkäfer leitet sich von der Jungfrau Maria ab: Früher glaubte man, die kleinen Krabbler seien den frommen Bauern von der Mutter Gottes zur Hilfe gesandt worden, um sozusagen in höherem Auftrag schädliche Blattläuse zu vertilgen.

Der fünf Mili-
meter große
Schmetterling
stört unsere
Biergartenidylle.

Aus Grün wird
Braun, weil
die Larven der
Motte sich durch
die Kastanien-
blätter fressen.

Killermotte verursacht Biergartensterben

„Motten bedrohen Bayerns Biergärten" oder „Mottenalarm im Biergarten" – auf solche oder ähnliche Schlagzeilen stieß der Zeitungsleser Mitte der 1990er Jahre bei der Morgenlektüre immer öfter. In einem Boulevardblatt war sogar zu lesen: „Killermotte verursacht Biergartensterben". Was war geschehen? Sollte hier journalistisch das Sommerloch gefüllt werden, oder waren die bayerischen Biergärten tatsächlich bedroht, und wenn ja, was hatte eine Motte damit zu tun?

Um diesem in der Tat erstaunlichen Phänomen auf die Spur zu kommen, muss man bis ins Jahr 1539 zurückgehen. Damals wurde in der bayerischen Brauordnung festgelegt, dass nur noch zwischen dem Ehrentag des heiligen Michael und dem des heiligen Georg, also vom 29. September bis zum 23. April, Bier gebraut werden durfte. Im Sommer dagegen war das Brauen strengstens untersagt: Die Obrigkeit fürchtete die durch den Siedevorgang stark erhöhte Brandgefahr. Da jedoch in den Sommermonaten der Durst bekanntermaßen am größten ist, musste der erfrischende Gerstensaft notgedrungen auf Vorrat produziert werden. Aber wie sollte das köstliche Nass in einer Zeit, in der der Kühlschrank noch lange nicht erfunden war, gelagert und gekühlt werden? Die findigen Münchner Brauer fanden eine Lösung: Sie legten unterirdische Keller an, in denen das Bier in Fässern unter riesigen Brocken von Natureis, das im Winter aus der Isar geschlagen wurde, lagerte und reifte.

> Sind die bayerischen Biergärten tatsächlich bedroht?

Unglücklicherweise konnten die Bierkeller aufgrund des relativ hohen Grundwasserspiegels in München jedoch nicht tief genug ausgehoben werden, um eine ausreichende Kühlung zu gewährleisten. Die Brauer pflanzten deshalb zusätzlich über ihre Bierkeller Rosskastanienbäume, die sich mit ihren großen, fingerförmigen Blättern hervorra-

gend als Schattenspender eigneten, aber dank ihres nur flach ausgebildeten Wurzelwerks die Kellergewölbe nicht beeinträchtigten. Da sie ihr Bier möglichst direkt an die Konsumenten verkaufen wollten, stellten sie im Schatten der Kastanienbäume Tische und Bänke auf und boten den begeisterten Münchnern kühlen Gerstensaft frisch gezapft vom Fass an: Der Biergarten war geboren, und die Rosskastanie war von da an der traditionelle Biergartenbaum.

> **Seit den 1990er Jahren trübt der winzige Schmetterling die Biergartenidylle.**

Seit Mitte der 1990er Jahre droht jedoch ein winziger Schmetterling, die Biergartenidylle massiv zu trüben: Die Kastanienminiermotte (*Cameraria ohridella*), ein auf die Blätter der Rosskastanie spezialisiertes Schadinsekt, das sich innerhalb weniger Jahre explosionsartig in weiten Teilen Europas verbreitet hat. Die Larven des gerade mal fünf Millimeter großen Schmetterlings schädigen die Bäume, indem sie Jahr für Jahr genüsslich kleine Gänge, sogenannte Minen, durch die Blätter fressen, sodass diese sich nicht erst im Herbst, sondern bereits im Frühsommer rotbraun verfärben und abfallen.

Solchermaßen geschädigt kann die Rosskastanie ihre dringend benötigte Rolle als Schattenspender natürlich nur noch begrenzt ausüben. Die Bäume selbst sterben glücklicherweise durch den Larvenfraß nicht ab. Auf längere Sicht ist jedoch eine Schwächung der Kastanien zu befürchten, da sie durch das Absterben der Blätter an einer umfassenden Photosynthese gehindert werden. Allerdings existieren dazu bisher noch keine Langzeiterkenntnisse.

> **Die Blätter fallen nicht erst im Herbst, sondern bereits im Frühsommer ab.**

Pro Jahr treten bei uns drei Generationen der kleinen Motte auf. Besonders fatal: Die Puppen der letzten Generation eines Jahres überwintern am Boden und in den herabgefallenen Blättern und befallen im nächsten Jahr den Baum erneut.

Wo das eigentliche Herkunftsgebiet der Kastanienminiermotte liegt, ist heute noch nicht sicher geklärt. Experten vermuten, dass der kleine Schmetterling ursprünglich aus Asien stammt. In Europa wurde die Motte zum ersten Mal 1984 am Ohrid-See zwischen Albanien und Mazedonien nachgewiesen. Die weitere Ausbreitung erfolgte dann recht

schnell. 1989 wurde die Kastanienminiermotte erstmals in Österreich nachgewiesen, 1992 dann in Deutschland, im Raum Passau. Offenbar waren auch Pkws und Lkws maßgeblich an der Ausbreitung beteiligt, da zu Beginn auffällig viele Kastanien auf Autobahnparkplätzen befallen waren. Heute ist der Schmetterling flächendeckend über Deutschland verbreitet.

Da die Kastanienminiermotte erst seit relativ kurzer Zeit in Mitteleuropa heimisch ist, existieren bei uns noch keine Fressfeinde, die sich auf sie spezialisiert haben. Allerdings gibt es nach Beobachtungen von Ornithologen Hoffnung, dass sich in naher Zukunft Blau- und Kohlmeisen für die Motten interessieren könnten.

> **Es gibt Hoffnung, dass sich bald Meisen für die Motten interessieren könnten.**

Die Bekämpfung der Kastanienschädlinge gestaltet sich schwierig. So ist ein Einsatz von chemischen Insektiziden in Wohngebieten aus Umwelt- und gesundheitlichen Gründen sicherlich nicht unbedenklich.

Mit ökologisch weniger problematischen Entwicklungshemmern, wie etwa Dimilin, ließen sich in der Vergangenheit zwar vorübergehend sichtbare Erfolge erzielen. Allerdings verbleiben nach der Bekämpfung oft Restpopulationen an einzelnen Bäumen, aus denen sich im Folgejahr dann wieder ordentliche Mengen an Motten bildeten. Außerdem ist der finanzielle Aufwand bei jährlich durchgeführten Sprühaktionen relativ hoch. Fallen mit Sexuallockstoffen sind zwar für ein Monitoring der Schadinsekten geeignet, nicht aber für deren großflächige Bekämpfung. Auch Experimente mit Schlupfwespen, die in den Larven der Motten parasitieren, brachten bisher keine befriedigenden Ergebnisse.

So bleibt heute als wichtigste Gegenmaßnahme das schlichte Sammeln des Falllaubs im Herbst, damit die Puppen der dritten Generation nicht überwintern können. Untersuchungen des Pflanzenschutzamtes Berlin haben nämlich gezeigt, dass durch konsequentes Laubsammeln im Herbst der Befall im nächsten Frühjahr um zwei Drittel gesenkt werden kann. So werden die Blätter im Frühjahr deutlich weniger geschädigt und bleiben länger grün. Bäume an „laubbesammelten" Standorten sind vermutlich in der Lage, die Schäden besser zu kompensieren.

> **Durch Laubsammeln können die Schäden deutlich minimiert werden.**

In einigen deutschen Großstädten wurden deshalb Aktionen wie „Motten stoppen – Laub sammeln" ins Leben gerufen. Engagierte Bürger, aber auch Schulklassen werden aufgerufen, das Kastanienlaub im Herbst möglichst vollständig zu sammeln und zu entsorgen, um so den Befall der mottengeplagten Bäume im nächsten Jahr zu minimieren.

Allerdings reicht eine einfache Kompostierung des befallenen Kastanienlaubs nicht aus. Nur in kommerziellen Kompostierungsanlagen werden ausreichend hohe Temperaturen erreicht, die die extrem widerstandsfähigen Dauerstadien der Schadschmetterlinge vernichten.

Pferdefutter und Arzneipflanze

Der Wirtsbaum der Kastanienminiermotte, die Rosskastanie, hat eine aufregende Geschichte. Ursprünglich in ganz Europa verbreitet, wurde der Baum von der Eiszeit in die Mittelgebirge Griechenlands, Mazedoniens und Albaniens zurückgedrängt. Erst vor rund 450 Jahren, im 16. Jahrhundert, kehrte die Rosskastanie während der Feldzüge der Türken, die die Samen der Kastanie als Futter für ihre Pferde nutzten, nach Mitteleuropa zurück. Dort kam der wuchtige Baum mit den großen Blättern sowohl beim Adel als auch beim Bürgertum rasch in Mode und wurde bald überall in Österreich und Deutschland als beliebter Park- und Alleebaum angepflanzt.

Die Rosskastanie zählt bereits seit langer Zeit zu den bekanntesten Heilpflanzen. Ihre Samen enthalten Substanzen, die entzündungshemmend, krampflösend und adstringierend (zusammenziehend) wirken und deshalb erfolgreich innerlich und äußerlich gegen Arteriosklerose, Diabetes, Ekzeme, Venenerkrankungen und Krampfadern eingesetzt werden.

Kein Wunder also, dass ein so vielseitiger Baum 2005 zum „Baum des Jahres" und 2008 zur „Arzneipflanze des Jahres" gewählt wurde.

Ein Kolibri, der keiner ist

Das gibt's doch gar nicht – eben habe ich auf meinem „Balkon einen Kolibri gesehen!" So oder ähnlich heißt es in aufgeregten Anrufen, die vor allem im Hochsommer mit schöner Regelmäßigkeit bei den Zoologischen Instituten, Museen oder Naturschutzverbänden Süddeutschlands eingehen. Die Anrufer beteuern meist hartnäckig, keinesfalls einer optischen Täuschung aufgesessen zu sein.

Kolibris mitten in Deutschland, das wäre natürlich eine wissenschaftliche Sensation ersten Ranges. In der freien Natur kommen die kleinsten Vögel der Welt nämlich ausschließlich in Amerika vor. Aber um es gleich vorweg zu

Wie ein Mini-Kolibri flattert das Taubenschwänzchen vor der Blüte.

sagen, bis nach Deutschland haben es die Minipiepmätze trotz globaler Erwärmung bisher noch nicht geschafft.

Was die „Kolibrimelder" beobachtet haben, ist in Wirklichkeit überhaupt kein Kolibri, ja noch nicht einmal ein Vogel, sondern ein Schmetterling: das Taubenschwänzchen (*Macroglossum stellatarum*). In der Tat kann man so ein Taubenschwänzchen leicht mit einem Kolibri verwechseln. Der zu den Schwärmern gehörende Schmetterling hat nämlich zum einen eine Gestalt, die einem kleinen Vogel sehr ähnlich sieht, und kann zum anderen auch sehr schnell und wendig fliegen. Genau wie ein Kolibri schwirrt der Falter blitzartig von Blüte zu Blüte und kann beim Nektarsaugen mit seinem langen Rüssel auch genau wie die Minivögel aus Amerika regelrecht in der Luft stehen. Sogar rückwärts fliegen kann der Schmetterling, ein Kunststück, das nur ganz wenige Insekten beherrschen.

> Sogar rückwärts fliegen kann der kleine Schmetterling – das schaffen nur ganz wenige Insekten.

Wenn es nicht fliegt, sieht es nach „Motte" aus.

Das außergewöhnliche Flugverhalten des Taubenschwänzchens wird durch die enorme Schlagfrequenz der Flügel ermöglicht, die bei unglaublichen 70 bis 90 Schlägen pro Sekunde liegt. Lahme Enten sind die Schmetterlinge damit nicht gerade – in der Spitze erreichen sie Fluggeschwindigkeiten von 80 Kilometern pro Stunde.

Navigiert wird während der komplizierten Flugmanöver übrigens mit dem zweigeteilten Haarbüschel am Hinterleibsende, das auf den ersten Blick eine gewisse Ähnlichkeit mit den Schwanzfedern von Tauben aufweist und deshalb für den deutschen Namen der Falter verantwortlich ist.

Natürlich kostet die Falter dieser enorm kraftraubende Flugstil sehr viel Energie. Diese muss möglichst rasch durch die Auf-

nahme großer Mengen energiereicher Nahrung wieder zugeführt werden. Und so saugen die Taubenschwänzchen bei einem Eigengewicht von 0,3 Gramm stündlich etwa 0,5 Milliliter Nektar (also mehr als ihr eigenes Körpergewicht!) auf, um stets genügend „Sprit" für ihren Schwirrflug zur Verfügung zu haben. Da heißt es Blüten anfliegen, was das Zeug hält. Und genau das beherrschen die Falter dank ihrer überragenden Flugtechnik ganz ausgezeichnet. Bei zusammengesetzten Blütenständen wie Dolden oder Rispen ist ein Taubenschwänzchen sogar in der Lage, bis zu 100 Blüten pro Minute auszusaugen!

Verblüffend ist auch das hervorragende Gedächtnis der kleinen Kunstflieger: An besonders reichhaltige Nahrungsquellen kehren Taubenschwänzchen nämlich immer wieder zurück, und auch ihren Schlafplätzen bleiben sie oft ein Leben lang treu.

Aber woher kommen die vermeintlichen Kolibris, warum sieht man sie nur relativ unregelmäßig und warum sind sie ganz plötzlich wieder verschwunden? Zunächst einmal handelt es sich beim Taubenschwänzchen um einen Wanderfalter, der immer wieder im Frühling aus dem Mittelmeerraum, die Alpen überquerend, zu uns kommt. Nach neueren Erkenntnissen überwintert er jedoch auch immer häufiger bei uns.

Das Taubenschwänzchen saugt bis zu 100 Blüten pro Minute aus.

Die Taubenschwänzchen gelangen, abhängig von den klimatischen Bedingungen und der aktuellen Populationsgröße, meist in mehreren mehr oder weniger großen Einwanderungswellen im Jahr aus dem Mittelmeergebiet zu uns. Der erste Invasionsschub trifft dabei meist Ende April bis Anfang Mai in Süddeutschland ein. Diese Falter fühlen sich in ihrer neuen Heimat offenbar so wohl, dass sie sich in Deutschland auch erfolgreich fortpflanzen. Die neue Taubenschwänzchengeneration schlüpft dann meist gegen Anfang August, sodass bei uns in diesem Zeitraum gleichzeitig Mittelmeertaubenschwänzchen und in Deutschland geschlüpfte Tiere auftreten, die – wenn es die klimatischen Bedingungen zulassen – weiter nach Norden wandern.

So flogen die Wanderfalter im heißen „Jahrhundertsommer" 2003 sogar bis nach Skandinavien, wobei sie für die über 3000 Kilometer lange Reise gerade mal 14 Tage benötigten, eine gewaltige Leistung für ein so kleines Insekt.

Bei ihrer Reise orientieren die Falter sich wissenschaftlichen Erkenntnissen zufolge an Landmarken, der Sonne sowie am Magnetfeld der Erde.

Wohin die letzte Generation der Falter im Herbst verschwindet, ist noch nicht eindeutig geklärt. Einige Experten vermuten, dass zumindest ein Teil der Tiere den Versuch unternimmt, in die südliche Heimat ihrer Eltern zu fliegen. Die Falter scheitern jedoch vermutlich an den kalten Luftströmungen, die zu dieser Jahreszeit in den alpinen Gipfellagen herrschen.

Ein Teil der Taubenschwänzchen überwintert jedoch wie bereits erwähnt auch in Mitteleuropa. Dazu suchen sie geschützte Orte wie Höhlen, hohle Baumstämme oder die Keller von Häusern auf, wo sie die kalte Jahreszeit unbeschadet überstehen können. Nach jüngsten Erkenntnissen hat die Zahl der erfolgreichen Überwinterer in den letzten Jahren zugenommen. Experten machen für dieses Phänomen die wohl durch die globale Erwärmung milder gewordenen Winter in Mitteleuropa verantwortlich.

> **Im Sommer 2003 flogen die Falter vom Mittelmeer bis nach Skandinavien.**

Dennoch: Auch wenn sich die Falter bei uns fortpflanzen können und zum Teil auch überwintern, kann sich in Mitteleuropa doch keine bodenständige Taubenschwänzchenpopulation halten. Das heißt, die Schmetterlinge müssen jedes Jahr erneut aus dem Süden einfliegen.

Übrigens trifft man tagaktive Taubenschwänzchen nicht nur auf dem Balkon an. Im Gegensatz zu den anderen Schwärmerarten sind sie auch häufig in Gärten und Parks zu beobachten. Was ihre Nektarquellen betrifft, sind sie nicht besonders wählerisch. Sie fliegen die Blüten Dutzender verschiedener Pflanzenarten an. Das hat den Vorteil, dass sie zu jeder Jahreszeit auf ein reichhaltiges Nahrungsangebot zurückgreifen können. Allerdings werden nektarreiche Blüten mit langen und schmalen Blütenkelchen bevorzugt, denn bei diesen ist die Konkurrenz mit anderen nektarsaugenden Insekten geringer.

Wenn es krabbelt im Krankenhaus

Wer in seinem Haus auf winzige Ameisen von bernsteingelber Farbe mit dunkelbraun gefärbter Hinterleibsspitze stößt, hat ein Riesenproblem: Dann hat er die berüchtigten Pharaoameisen bei sich zu Gast. Das ist äußerst unangenehm, weil zum einen diese gerade mal zwei Millimeter großen Ameisen von Experten als „potenziell gefährlichste gesundheitsschädliche Insektenart Mitteleuropas" eingestuft werden und weil sie zum anderen wegen ihrer versteckten Lebensweise in kleinen Ritzen unglaublich schwer zu bekämpfen sind.

> Pharaoameisen gelten als potenziell gefährlichste Insektenart Mitteleuropas.

Pharaoameisen (*Monomorium pharaonis*) waren nicht immer in Europa zu Hause. Ihre ursprüngliche Heimat ist eigentlich der asiatische Kontinent – genauer gesagt vermutlich Ostindien. Erst im 19. Jahrhundert wurde die Pharaoameise durch Handel und Verkehr wahrscheinlich auf dem Seeweg nach Europa eingeschleppt. Heute ist das winzige Insekt weltweit verbreitet.

In unseren gemäßigten Breiten können Pharaoameisen allerdings nur in beheizten Räumen überleben. Unsere kalten Winter würden die Insekten, die es gerne wohlig warm haben, im Freien nicht überstehen. Pharaoameisen leben deshalb bevorzugt in zentralgeheizten Gebäuden mit gleichbleibend hoher Temperatur (26 °C sind optimal) wie etwa Großküchen, Treibhäusern und Krankenhäusern, aber auch in Privatwohnungen.

Ihre Nester legen die Tiere stets an gut versteckten Stellen an – besonders warme Plätze werden bevorzugt, wie etwa Risse im Mauerwerk. Anders als bei vielen anderen Ameisenarten, bei denen im Nest nur eine einzige Königin das Sagen hat, findet man in Pharaoameisenkolonien

> Sie leben bevorzugt in Großküchen, Treibhäusern und Krankenhäusern.

Die winzigen
Biester dringen
in jede Ritze.

oft mehrere Hundert bis Tausend Königinnen. Und das ist gut für die Ameisen: Wird das ursprüngliche Nest dank guter Umweltbedingungen und hoher Fortpflanzungsraten für den wachsenden Ameisenstaat zu klein und droht aus allen Nähten zu platzen, legen die Tiere einfach Tochter-kolonien an. Auf diese Weise entstehen in einem befallenen Gebäude relativ schnell zahlreiche Satellitennester, die miteinander in Verbindung stehen und zusammen viele Millionen Individuen zählen. Diese Tochter-kolonien können sich später jedoch auch verselbstständigen.

> **Die Ameisen bilden Satel-litennester, die miteinander in Verbindung stehen.**

Pharaoameisen fressen alles: Sie lieben zuckerhaltige Substanzen wie Marmelade und Ho-nig, halten sich aber auch kräftig an eiweißhaltige Nahrung wie rohe und verarbeitete Fleischwaren.

Von Gebäude zu Gebäude wird die Pharaoameise meist passiv durch den Transport von Lebensmitteln, Tiernahrung oder anderen Gebrauchsgütern verbreitet. Oft findet ein Befall aber auch aktiv über Stromverkabelungen, Fernheiz-wege oder U-Bahnschächte statt.

Besonders gefährlich kann ein Pharaoameisenbefall in einem Krankenhaus werden. Auf der Suche nach Eiweiß kriechen die kleinen Ameisen nämlich oft unter Verbände und Gipsbandagen, um sich dort an Blut und Wundsekreten der Patienten zu bedienen. Besonders gefährdet sind un-glücklicherweise vor allem frühgeborene Babys sowie frisch operierte und schwerkranke Patienten. Zwischendurch wühlen die Ameisen gerne in organischen Abfällen oder suchen die Krankenhaustoiletten auf, um sich an mensch-lichen Ausscheidungen zu delektie-ren. Manchmal gehen sie dann in der Pathologie im wahrsten Sinne des Wortes über Leichen, um wenig später der Krankenhausküche einen Besuch abzustatten.

> **Ihr Weg führt sie erst in die Pathologie, dann in die Krankenhausküche.**

Natürlich ist es so kaum verwunderlich, dass sich die Miniaturameisen bei dieser mehr als unappetitlichen Nahrungswahl oft mit gefährlichen Krankheitskeimen wie Salmonellen, Streptokokken, Staphylokokken und vielen anderen Erregern beladen und diese aktiv verschleppen.

Gefährlich macht die kleinen Insekten zusätzlich noch die Tatsache, dass sie durch ihre winzige Größe, aber

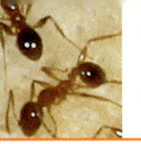

auch durch ihre Vorliebe für enge Spalten nahezu überall eindringen. Dabei können sie mühsam steril gehaltene medizinische Geräte wie Kanülen, Katheter, chirurgische Instrumente und bakteriologische Kulturen verunreinigen und sogar mit höchst gefährlichen Keimen kontaminieren.

In jüngster Zeit werden die Pharaoameisen immer mehr zur Gefahr für die elektronische Datenverarbeitung. Angelockt durch die für sie angenehmen Betriebstemperaturen und die zuckerhaltigen Schutzgele auf den Stromkabeln, dringen die Miniinsekten oft in Computer ein, was dann zu Systemabstürzen oder sogar Elektrobränden führen kann.

Woher der Name der Pharaoameise stammt, ist umstritten. Eine Theorie geht davon aus, dass er auf einer irrtümichen Verbindung mit den im Alten Testament erwähnten zehn Plagen beruht, die Ägypten auf Befehl des Herrn heimgesucht haben. Nach einer anderen These verdanken die kleinen Krabbeltiere ihren Namen der Tatsache, dass ihre wissenschaftliche Beschreibung an Exemplaren durchgeführt wurde, die die Mumien altägyptischer Pharaonen besiedelt hatten.

> **Sie hausen in Computern und verursachen Systemabstürze und Elektrobrände.**

Ein Befall mit Pharaoameisen ist in einigen europäischen Staaten meldepflichtig und muss wegen der genannten Gesundheitsgefahren unverzüglich bekämpft werden.

Wer allerdings Pharaoameisen erfolgreich beseitigen will, sollte nicht nur umfangreiche Kenntnisse über die Lebensgewohnheiten der gefährlichen Miniaturinsekten besitzen, sondern auch eine gehörige Portion Geduld mitbringen.

Ein Vernichten der Arbeiterinnen mit sofort wirkenden Sprühinsektiziden ist wenig sinnvoll, da die fruchtbaren Königinnen im Nest relativ schnell für Ersatz sorgen. Ziel einer erfolgreichen Bekämpfung muss es also sein, die Königinnen abzutöten, um zu verhindern, dass ständig neue Arbeiterinnen produziert werden. Die Bekämpfung der Königinnen gestaltet sich jedoch wegen der oft unzugänglichen Lage der Nester schwierig.

Das Mittel der Wahl sind daher meist Köderdosen: kleine Plastikbüchsen, die mit wohlschmeckenden, aber giftigen Fraßködern bestückt sind. Diese werden von den Arbeiterinnen aufgenommen, ins Nest getragen und dort an die Königin und die Brut verfüttert. So leicht jedoch lassen sich

die Winzlinge nicht austricksen. Die Ameisen haben wie die Ratten (siehe Seite 32) Vorsorge gegen Giftattacken getroffen: Spezielle „Vorkosterameisen" überprüfen per Probebiss die ins Nest geschleppte Nahrung auf Giftstoffe. Stirbt eine Vorkosterin an ihrem Happen, werden die Giftköder sofort entsorgt. Um die Vorkosterameisen auszutricksen, wurden daher Fraßgifte entwickelt, die schleichend wirken, das heißt erst nach mehrmaliger Nahrungsaufnahme zum Tode führen. Dadurch wird gewährleistet, dass auch die Königin vom Köder nascht.

> Spezielle „Vorkosterameisen" überprüfen die ins Nest geschleppte Nahrung auf Giftstoffe.

Das Ameisenstoppschild

Nicht nur bei uns Menschen, sondern auch in der etwas kleineren Welt der Pharaoameisen wird mit Stoppschildern gearbeitet. Allerdings sind die Verkehrswarnzeichen dieser winzigen Insekten selbst für das geübte Auge unsichtbar. Sie können nur mit den Geruchsorganen wahrgenommen werden – denn sie bestehen aus Duftmolekülen.

Schon seit Langem ist bekannt, dass Ameisen mit Hilfe von verschiedenen Duftstoffen miteinander kommunizieren. So wird zum Beispiel der Weg zu einer besonders ergiebigen Nahrungsquelle mit einer Spur von Düften, die aus spezialisierten Drüsen abgegeben werden, markiert, damit auch die Nestgenos-

sinnen an diesem Fund partizipieren können. Verblüffend: Vor Kurzem haben britische Wissenschaftler entdeckt, dass Pharaoameisen auch den umgekehrten Weg gehen: Sie setzen – zumindest unter Laborbedingungen – Duftsignale ein, um ihre Artgenossen davon abzuhalten, bestimmte Wege zu beschreiten. In einer aufwändigen Versuchsreihe konnten die Forscher zeigen, dass die Nahrungsspäher einer Pharaoameisenkolonie die duftenden „Stoppschilder" an einer Weggabelung stets an dem Pfad aufstellen, der nicht zu einer Nahrungsquelle führt. So wird verhindert, dass die Artgenossinnen überflüssige Wege gehen und dabei sinnlos ihre Kräfte vergeuden.

Die Schäden
durch die Blatt-
reblaus-Genera-
tion wären das
geringere Übel.

„Ich muss im
früh'ren Leben a
Reblaus g'wesen
sein ...“

Europäischer Rebstock auf Amerikanerwurzeln

*I*ch muss im früh'ren Leben a Reblaus g'wesen sein, sonst „*I* wär' die Sehnsucht nicht so groß nach einem Wein; drum tu den Wein ich auch nicht trinken, sondern beißen, und hab den roten grad so gern als wie den weißen." Ein Hobby-Insektenforscher ist der unvergessene österreichische Schauspieler Hans Moser sicher nicht gewesen. Mit seinem Lied „Die Reblaus" hat er jedoch einem Insekt ein musikalisches Denkmal gesetzt, das zu den größten Bedrohungen für den Wein überhaupt gehört.

Wegen ihrer Lebensweise, ihrer hohen Nachkommenzahl und ihrer aktiven Ausbreitung steht die Reblaus auf der Liste der Schädlinge an Weinreben ganz oben. Die gerade mal 1,5 Millimeter großen Insekten leben nämlich parasitisch auf Weinreben und saugen dort an Blättern und Wurzeln.

> Die Reblaus zählt zu den größten Bedrohungen für Weinreben überhaupt.

Die kleinen Schadinsekten durchlaufen dabei einen äußerst komplizierten Entwicklungszyklus: Durch unterschiedliche Fortpflanzungsarten treten Generationen mit sowohl rein unterirdisch lebenden Wurzelrebläusen als auch oberirdischen Blattrebläusen auf. Die Blattreblaus ist dabei das deutlich geringere Übel. Nur bei extrem starkem Befall wirkt sie sich negativ auf das Wachstum der Pflanze aus. Anders die unterirdisch lebenden Wurzelrebläuse, die bei uns in Europa durch ihre Saugtätigkeit die Leitgewebe der Wurzeln massiv schädigen. Die Folge sind Wucherungen, die zu einer völligen Blockade der Gefäße führen. Dadurch verdorren die Reben letztendlich, weil ihre Wurzeln kein Bodenwasser mehr aufnehmen können.

Ursprünglich ist die Reblaus ausschließlich in Nordamerika zu Hause gewesen. Entdeckt wurde sie 1855 in den USA von einem Entomologen (Insektenforscher) namens Asa Fitch, der der kleinen Pflanzenlaus damals attestierte, ein völlig unbedeutendes Insekt zu sein. Aber auch Wissen-

schaftler können sich gewaltig irren, denn nur 15 Jahre später fegte der vermeintlich harmlose Sechsbeiner mit einer Zerstörungskraft über die europäischen Weingebiete hinweg, dass sogar Attila der Hunnenkönig vor Neid erblasst wäre.

Den Sprung über den großen Teich schaffte die Reblaus Anfang der 1860er Jahre, als man versuchsweise amerikanische Weinreben nach Europa einführte. Man versprach sich von diesen eine höhere Widerstandskraft gegen den Echten Mehltau, einen im Weinbau gefürchteten Schadpilz. Man ahnt es schon: Als blinde Passagiere wurden mit den Weinreben auch die Miniinsekten nach Europa eingeschleppt. Und das mit katastrophalen Folgen für die europäische Weinwirtschaft.

Während nämlich die Wurzeln amerikanischer Reben eher gelassen auf einen Reblausbefall reagieren und die Pflanzen trotz Schädlingsbefall wachsen und gedeihen, vertragen die Wurzeln europäischer Reben die Saugtätigkeit der Läuse bei Weitem nicht so gut – ein Befall führt meist zum Absterben der Pflanze. Verantwortlich für dieses erstaunliche Phänomen ist wahrscheinlich die Tatsache, dass in Nordamerika über Millionen von Jahren eine gegenseitige Anpassung von Wirt und Parasit stattgefunden hat: Weinrebe und Reblaus hatten sich arrangiert. Die amerikanischen Rebsorten wurden zwar befallen, starben aber nicht ab – sonst hätte die Reblaus ja ihre eigene Lebensgrundlage zerstört. In Europa dagegen fehlte schlicht und einfach die Zeit für eine solche Koevolution.

> **Nur die europäischen Reben sterben ab, die amerikanischen sind resistent.**

1863 wurde die Reblaus das erste Mal im Süden Frankreichs nachgewiesen, von wo aus sie sich rasant über den europäischen Kontinent ausbreitete. Besonders schlimm erwischte es das Weinland Frankreich. Allein in Südfrankreich vernichtete die Reblaus zwischen 1870 und 1874 rund 700 000 Hektar.

Um der Plage Herr zu werden, rief die französische Regierung 1870 eine „Anti-Reblaus-Kommission" unter Vorsitz des berühmten Chemikers Louis Pasteur ins Leben. Die Kommission prüfte über 700 Vorschläge zur Bekämpfung der Reblaus, ein Erfolg blieb ihr jedoch weitestgehend versagt. So zeigte weder eine Behandlung des Blattwerkes mit diversen Chemikalien, wie etwa Schwefelkohlenwasser-

stoff, noch eine Bekämpfung mit Insektiziden Wirkung. Mit diesen Methoden konnten nämlich nur die oberirdischen Formen der Reblaus abgetötet werden.

1873 versuchte man es dann mit biologischer Schädlings-bekämpfung und importierte die Raubmilbe *Tyroglyphus phylloxera* – im heimischen Amerika ein Erzfeind der Reblaus. Die entführte Milbe jedoch fühlte sich im europäischen Klima nicht so recht wohl. So konnten mit diesem gut gedachten biologischen Ansatz keinerlei Wirkungstreffer erzielt werden. In ihrer Verzweiflung überschwemmten einige Winzer sogar ihre Rebberge, in der Hoffnung, dadurch die Läuse zu ertränken. Natürlich half diese brachiale Methode

Eine eigens importierte Raubmilbe fühlte sich bei uns nicht wohl – Versuch fehlgeschlagen.

wieder nichts, und die Schädlinge machten sich weiterhin mit grenzenlosem Appetit über die wehrlosen europäischen Reben her.

In Deutschland trat die Reblaus erstmals 1874 in der Nähe von Bonn in der Gartenanlage Annaberg auf den Plan. 1885 fand man sie in Loschwitz bei Dresden, 1907 hatte sie die Rebhänge an der Mosel und 1913 schließlich die badischen Weinbaugebiete erobert.

Nach langen Mühen waren es drei Franzosen, nämlich der Weinbauer Gaston Bazille, der Botanikprofessor Jules Emile Planchon und der Gartenbauer F. Sahut, die die Lösung des Reblausproblems fanden: Sie pfropften europäische Edelreben auf die reblausresistenten Wurzelstöcke amerikanischer Rebsorten und konnten durch diesen Kniff, der in der Winzersprache als „Veredeln" bezeichnet wird, den komplizierten Fortpflanzungszyklus der Rebläuse erfolgreich unterbrechen.

Ohne diese Veredlung, ein wahres Meisterstück in Sachen biologischer Schädlingsbekämpfung, wäre wohl die gesamte Weinanbaufläche in Europa von der Reblaus vernichtet worden. Durch die mittlerweile gesetzlich vorgeschriebene Pfropfung konnte jedoch ein regelrechter Reblausschutzschirm über die europäischen Weinberge gespannt werden.

Lange Zeit galt die Reblaus als besiegt. Aber in den letzten Jahren kehrte der gefürchtete Feind der Winzer in Deutschland und in der

Die Pfropfung wirkt wie ein Schutzschild über den europäischen Weinbergen.

Schweiz in die Weinberge zurück. In Rheinland-Pfalz gibt es mittlerweile keine Gemarkung mehr, auf der die Schädlinge nicht zu finden sind. Und auch in den anderen deutschen Weinbaugebieten tauchen wieder vermehrt Rebläuse auf.

Wie konnte das passieren? Ganz einfach: *Dactylosphaera vitifolii*, wie das zur Ordnung der sogenannten Pflanzenläuse gehörende Insekt mit wissenschaftlichem Namen heißt, war niemals vollständig aus den Weinbergen verschwunden. Sie war von den Winzern lediglich in Schach gehalten worden und konnte sich nicht mehr epidemieartig verbreiten, da die Weinbauern ja dem parasitierenden Insekt Nahrung und Heimat entzogen hatten.

> **Die Reblaus war niemals vollständig aus den Weinbergen verschwunden.**

Experten machen für die Renaissance der Reblaus gleich mehrere Tatsachen verantwortlich. Zum einen wurden in den letzten Jahren immer häufiger wurzelechte, also nicht veredelte Reben preisgünstig in Baumärkten zum Verkauf angeboten. Die 1988 von der Bundesregierung erlassene „Reblausverordnung" verbietet zwar das Pflanzen unveredelter Reben ausdrücklich, unglücklicherweise aber nicht deren Verkauf. Die wurzelechten Reben aus dem Baumarkt sind natürlich ein gefundenes Fressen für die Rebläuse und ein ideales Sprungbrett für ihre Ausbreitung auf die Reben der näheren Umgebung. Zum anderen haben sich in den letzten Jahren verwilderte Europäerreben, besonders auf Brachflächen und Böschungen, drastisch vermehrt und werden dadurch zu regelrechten Reblausbrutstätten und damit zu einer Ausgangsbasis für eine weitere Verbreitung.

Einige Wissenschaftler halten es darüber hinaus für möglich, dass genetische Veränderungen sowohl seitens der Reblaus als auch auf Seiten der Rebe die Renaissance des Schädlings eingeläutet haben. Andere Experten machen wiederum den Klimawandel für die erneute Ausbreitung der Reblaus mitverantwortlich, da durch die höheren Temperaturen im Winter die Böden weniger tief durchfrieren und dadurch eine größere Anzahl der Tiere die Kälteperiode überlebt als in früheren Zeiten.

Die Gefahr kommt gestreift

Die kleinen Plagegeister greifen im Schutz der Dunkelheit an. Sie hinterlassen nach ihren Attacken höllisch juckende und obendrein noch unschöne Quaddeln. Und als ob das nicht genug wäre, bringen sie uns mit ihrem penetranten und nervtötenden Summen auch noch um unsere verdiente Nachtruhe. Kein Wunder also, dass Stechmücken nicht nur in den Tropen, sondern auch bei uns in Deutschland nicht gerade zu den beliebtesten Insekten gehören.

In Zukunft könnten die kleinen Blutsauger noch mehr in Misskredit geraten. Haben unsere rund 50 heimischen Stechmückenarten bisher höchstens eine untergeordnete Rolle als Krankheitsüberträger gespielt, kann sich das in Kürze radikal ändern, denn der Asiatische Tigermoskito (*Aedes albopictus*) wurde im September 2007 erstmals in Süddeutschland nachgewiesen. Dieser sechsbeinige Tiger ist in seiner Heimat als gefährlicher Überträger diverser unerfreulicher Viruserkrankungen bekannt.

Auf einem Autobahnparkplatz an der A 5 südlich von Karlsruhe wurden damals fünf Eier des Moskitos mit den namensgebenden Streifen entdeckt. Damit ist Deutschland das dreizehnte europäische Land, das der Tigermoskito erobert hat. Wie es der Name suggeriert, ist dieser ursprünglich in Asien, genauer gesagt in Südostasien, zu Hause.

Aber nicht nur nach Süd- und Mitteleuropa, sondern nahezu weltweit ist der äußerst stechaktive Moskito in den letzten 20 Jahren vorgedrungen. Neben fast allen tropischen und subtropischen Regionen konnte er teilweise auch die gemäßigten Zonen dieser Erde besiedeln. Ermöglicht wurde dem Tier das Leben in für ihn eigentlich untypischen Gefilden wohl durch die in den letzten Jahren immer häufigeren milden Winter- und heißen Sommermonate, die von vielen Wissenschaftlern einer globalen Erderwärmung zugeschrieben werden.

> Er ist in seiner Heimat als Überträger unerfreulicher Viruserkrankungen bekannt.

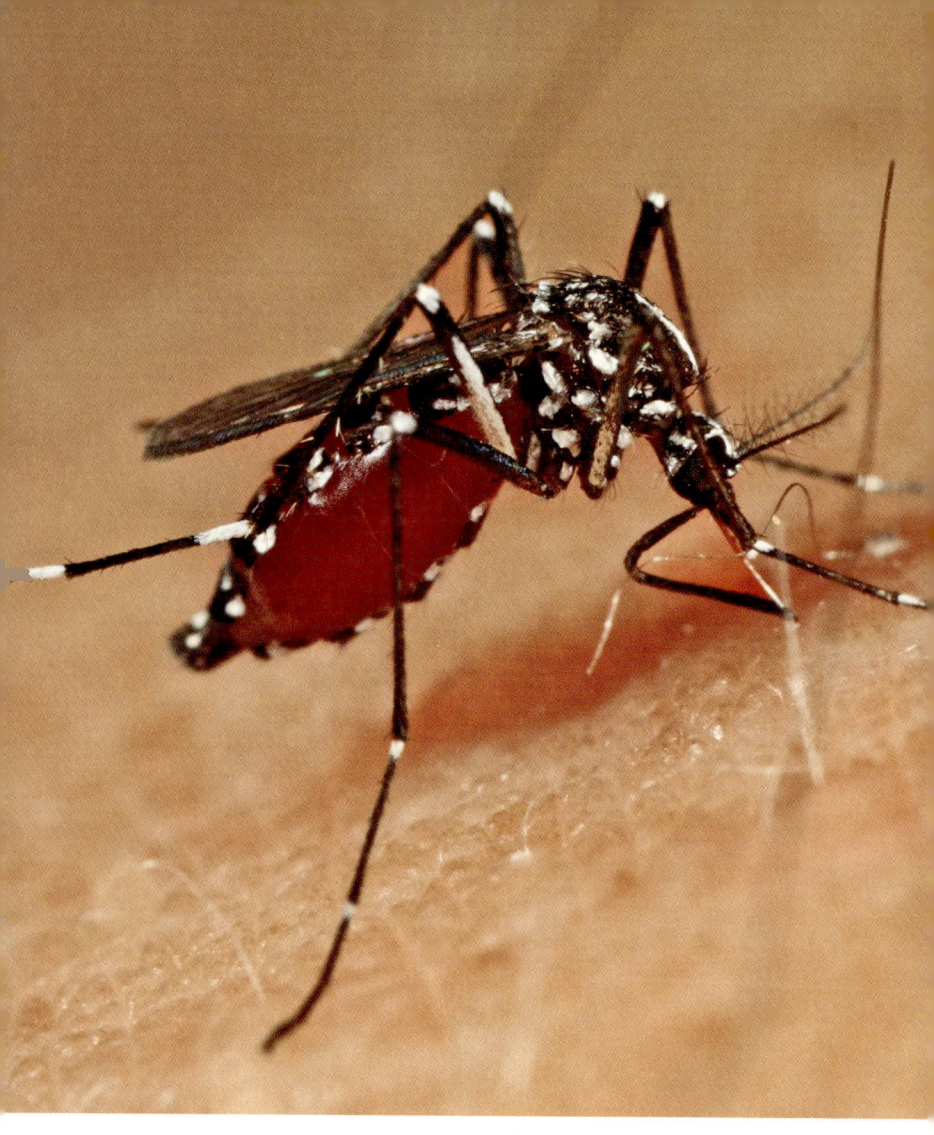

Der Tigermos-
kito kann zum
gefährlichen
Virusüberträger
werden.

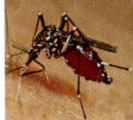

Bei seiner Ausbreitung bedient sich der Tigermoskito einer ebenso außergewöhnlichen wie genialen Methode: Er nutzt für seine Zwecke einfach den internationalen Gebrauchtreifenhandel. Auf diese Weise lassen sich vor allem auf dem Seeweg innerhalb weniger Tage und Wochen selbst große Distanzen – sogar von einem Kontinent zum anderen – überbrücken. Das Prinzip ist vergleichsweise simpel: Die Tigermoskitoweibchen kleben im Ursprungsland ihre Eier an die Innenwand eines mit Regenwasser gefüllten Altreifens, knapp oberhalb der Wasseroberfläche. Da die Eier längere Phasen von Trockenheit gut überstehen können, stellt ein Austrocknen der Reifen während der Reise kein Problem dar. Sammelt sich nach Beendigung des Transports dann im Zielland wieder Regen in den Reifen, schlüpfen die Larven und entwickeln sich – günstige Temperaturen vorausgesetzt – zum fertigen Insekt.

> **Er nutzt für seine Verbreitung den internationalen Gebrauchtreifenhandel.**

Der Handel mit Zierpflanzen, die Tigermoskitoeier beziehungsweise -larven enthalten können, stellt eine weitere Möglichkeit der Verbreitung dar. So ist zum Beispiel in Kalifornien innerhalb von nur zwei Jahren eine rapide Ausbreitung des Tigermoskitos via Zierpflanzen erfolgt.

Kürzere oder mittlere Distanzen können die Stechmücken als Fahrgäste in Personen- und Lastkraftwagen überbrücken. Vor allem Wohnmobile und Wohnwagen können gerade in der Urlaubszeit kräftig zur Verbreitung der ungeliebten Mücken beitragen. Auf diese Weise ist sehr wahrscheinlich auch der bereits erwähnte Tigermoskito-Erstfund aus dem Urlaubsland Italien nach Deutschland gelangt.

In Europa trat der Tigermoskito das erste Mal 1979 im damals noch kommunistischen Albanien auf den Plan. Hierhin wurden die gestreiften Stechmücken sehr wahrscheinlich mit Warenlieferungen aus China eingeschleppt. 1990 schafften sie dann ein zweites Mal den Sprung nach Europa: Sie tauchten in der italienischen Hafenstadt Genua auf, wohin sie sehr wahrscheinlich zusammen mit einer Altreifenlieferung aus dem US-Bundesstaat Georgia gelangt waren. Die Wahlitaliener breiteten sich in ihrer neuen Heimat derart rapide aus, dass sie bereits 1994 in 13 Provinzen innerhalb von neun Regionen Mittel- und Norditaliens nachgewiesen werden konnten.

Mittlerweile sind die wenig geliebten Insekten, allen Bekämpfungsmaßnahmen durch die zuständigen Behörden zum Trotz, fast auf dem gesamten italienischen Festland und in weiten Teilen Siziliens und Sardiniens verbreitet. Unglücklicherweise besiedeln Tigermoskitos in Italien besonders gerne unterirdische Abwassersysteme, was eine Bekämpfung außerordentlich erschwert. Weitere europäische Länder mit mehr oder weniger großen Tigermückenpopulationen sind heute Montenegro, Bosnien-Herzegowina, Slowenien,

> Der Moskito verkriecht sich in Italien in unterirdischen Abwassersystemen.

Kroatien, Griechenland, Spanien, Belgien, Frankreich, die Niederlande und die Schweiz.

Mit welcher immensen Geschwindigkeit der Tigermoskito ein Land erobern kann, lässt sich besonders gut am Beispiel der USA verdeutlichen: In das Land der unbegrenzten Möglichkeiten wurden allein im Zeitraum zwischen 1982 und 1984 fast fünf Millionen alte Autoreifen aus Asien importiert, um sie dort wegen ihres besonders hohen Gummigehalts einer Rundumerneuerung zuzuführen. Bei einer solchen Reifenmenge ist schon rein statistisch gesehen nichts anderes zu erwarten: Natürlich wurde der Tigermoskito mit eingeschleppt und erstmals 1985 in Texas nachgewiesen. Bereits 1987, also gerade mal zwei Jahre später, hatten die kleinen Mücken bereits 17 amerikanische Bundesstaaten erobert. Heute lebt der Tigermoskito in 25 US-Bundesstaaten, deren nördlichster Iowa ist.

Nach Australien wurden Tigermücken ebenfalls mehrfach eingeschleppt. Die gefährlichen Plagegeister konnten sich jedoch trotz geeigneter klimatischer Bedingungen Down Under nicht etablieren, dazu griffen die scharfen entomologischen Kontrollen in den Flughäfen und Häfen auf dem fünften Kontinent einfach zu gut.

Wie bereits erwähnt, kann der Tigermoskito für den Menschen gefährliche Viren übertragen, wie das West-Nil-Virus, das Gelbfiebervirus sowie die Erreger der St.-Louis-Enzephalitis, des Dengue-Fiebers und des Chikungunya-Fiebers.

Zumindest im Augenblick ist allerdings die Gefahr, in Deutschland durch einen Tigermoskito mit einem hässlichen Virus infiziert zu werden, äußerst gering. Zum einen wurde der Tigermoskito bei uns, wie gesagt, bisher nur an einem einzigen Ort und in nur sehr geringer Anzahl nach-

Erfolglose Mückenfresser

Eine biologische Bekämpfung der Larven mit dem sogenannten Moskitofisch, der dem aus unseren Aquarien bekannten Guppy ähnelt, wurde in mehreren amerikanischen Bundesstaaten getestet. Leider erwies sich diese Methode als nur bedingt praktikabel, denn für die Fische waren die meisten Brutcontainer einfach zu klein.

Ebenso mussten Versuche, den Tigermoskitolarven mit Hilfe der Larven einer kannibalisch lebenden Moskitoart auf den Leib zu rücken, wegen Erfolglosigkeit abgebrochen werden.

gewiesen. Zum anderen besteht die Gefahr einer Virusübertragung selbst bei einer großen Tigermoskitopopulation nur dann, wenn auch der entsprechende Krankheitserreger im Bereich dieser Populationen vorhanden ist. Das heißt, die Stechmücken müssen sich, um Viren übertragen zu können, erst selbst durch eine Blutmahlzeit an einem erkrankten Menschen infizieren.

Der Gedanke, dass in Zukunft auch in Deutschland ansässige Tigermoskitos gefährliche Krankheiten verbreiten könnten, ist jedoch keineswegs völlig aus der Luft gegriffen, wie unlängst eine (wenn auch begrenzte) Chikungunya-Epidemie in Italien zeigte. Die Symptome einer Chikungunya-Virusinfektion sind hohes Fieber sowie Glieder- und Gelenkschmerzen, woher sich auch der Name Chikungunya ableitet. Auf Suaheli bedeutet er soviel wie der „der gekrümmt Gehende". Meistens ist der Verlauf der Krankheit ungefährlich, aber eben nur

Auf La Réunion infizierte der Moskito in kurzer Zeit 270 000 Menschen.

meistens. So waren zum Beispiel bei der Epidemie 2005/2006 auf der französischen Insel La Réunion, bei der Schätzungen zufolge fast 270 000 Menschen von Tigermücken mit dem Virus infiziert wurden, immerhin 248 Todesfälle zu beklagen.

Im Sommer 2007 brach dann in der italienischen Provinz Ravenna die erste und bisher auch einzige Chikungunya-Fieberepidemie auf dem europäischen Kontinent aus. Ein Tourist hatte sich in Indien infiziert und die Viren quasi

als blinde Passagiere im eigenen Körper in seine italienische Heimat mitgebracht. Dort sorgten dann Tigermoskitos, die das Blut des Infizierten saugten, für eine Verbreitung des Virus, sodass letztendlich rund 300 Menschen am Fieber erkrankten. Ein 83-jähriger Mann verstarb an der Krankheit.

Bisher gibt es noch keine Impfung gegen das Chikungunya-Fieber, sodass das Vermeiden von Mückenstichen im Augenblick den einzigen Schutz gegen diese Krankheit darstellt.

> Ein Überwachungssystem soll in Deutschland seine Einbürgerung verhindern.

Wohlwissend, dass der Tigermoskito in großen Teilen Deutschlands durchaus klimatische Bedingungen vorfinden könnte, die ihm eine dauerhafte Ansiedlung ermöglichen, versucht man hierzulande nach dem alarmierenden Karlsruher Erstfund einer Einschleppung und Einbürgerung entgegenzuwirken. Unter der Federführung der im Oberrheingebiet ansässigen „Kommunalen Aktionsgemeinschaft zur Bekämpfung der Schnakenplage" soll ein möglichst lückenloses Überwachungssystem entwickelt werden.

Die Überwachung potenzieller Einschleppungsorte, wie etwa Häfen, Lagerhäuser mit importierten Pflanzen und Reifenhalden, aber auch Tankstellen und Rastplätze an Autobahnen, erfolgt mit Hilfe von sogenannten „Ovitraps" (Eiablagefallen). Das sind kleine schwarze Plastikbecher, die zum Teil mit Wasser gefüllt sind und an deren Innenrand ein flaches, längliches Holzpaddel angebracht ist, das durch seine raue Oberfläche von den Tigermoskitoweibchen bei der Eiablage als Unterlage bevorzugt angenommen wird. In regelmäßigen Abständen werden die Fallen auf abgelegte Eier untersucht. Diese werden dann im Labor zum Schlüpfen gebracht und die Larven anschließend in einem Brutgefäß bis zum erwachsenen Fluginsekt herangezogen, an dem eine sichere Artbestimmung möglich ist.

Dieses „Stechmücken-Monitoring" dient dazu, frisch eingeschleppte Individuen oder noch kleine Populationen so früh wie möglich aufzuspüren, denn in Sachen Tigermoskito gilt klar das Motto: „Wehret den Anfängen". Haben die Mücken – vor allem in besiedelten Bereichen – nämlich erst einmal eine gewisse Populationsgröße erreicht und ein entsprechend großes Areal erobert, wird es äußerst schwer, sie bekämpfungstechnisch in den Griff zu bekommen. Anders

ausgedrückt: Je kleiner eine Gründerpopulation ist, umso leichter lässt sie sich wieder auslöschen.

Eine zufriedenstellende Bekämpfung von Tigermoskitos gestaltet sich tatsächlich nicht ganz einfach und bringt oft keine guten Resultate. In den USA werden Tigermoskitos mit diversen chemischen Insektiziden bekämpft. Dies ist jedoch nur dann halbwegs erfolgreich, wenn die Bekämpfung bei Tageslicht zur aktiven Zeit der Tiere geschieht. Die bei den Sprühaktionen getöteten Moskitos werden jedoch üblicherweise schon bald durch frisch geschlüpfte Individuen aus den Brutstätten ersetzt, sodass diese Art der Bekämpfung nur mäßig ergiebig ist.

Die Larven in den Reifen werden häufig mit den für Stechmücken hochgiftigen Eiweißkristallen des Bakteriums *Bacillus thuringiensis israelensis* (B.t.i.) bekämpft. Diese Eiweißkristalle, in Tablettenform ausgebracht, stellen eine umweltgerechte Alternative zu herkömmlichen Insektiziden dar. Das größte Problem dabei ist es jedoch, die Bioinsektizide in die Brutgebiete einzubringen. Die Behandlung von einzelnen Reifen in riesigen Reifenlagern ist sehr zeitaufwändig und verursacht daher auch hohe Kosten, die oft nicht von den staatlichen Bekämpfungsorganisationen allein getragen werden.

> Einzelne Individuen müssen so früh wie möglich entdeckt und vernichtet werden.

Jetzt auch im
Bodensee: die
Wollhandkrabbe

Zurück in die Heimat – mit Gewinn

Eine wahre Plage sind sie, diese Chinesischen Wollhandkrabben. Vor allem die Fischer an Elbe und Weser sind auf die Krebse mit den wollig behaarten Scheren überhaupt nicht gut zu sprechen: Die handtellergroßen Tiere dringen ständig in ihre Fischreusen ein, um dort die gefangenen Fische in aller Gemütsruhe zu verspeisen. Haben die Krabben ihr Mahl beendet, zerschneiden sie kurzerhand mit ihren Scheren die Netze, um wieder in die Freiheit zu gelangen.

Auch die Aalangler haben unter den Wollhandkrabben zu leiden, knabbern ihnen die zehnbeinigen Biester doch immer wieder in unverschämter Weise die Köder von den Angeln – da fällt der Fang nicht gerade üppig aus. Außerdem treten Wollhandkrabben in Nahrungskonkurrenz zu diversen Fischarten, wie etwa Schleie, Plötze und Aal. Alles Arten, die sich ebenso wie die Wollhandkrabbe von Muscheln und Schnecken ernähren. Auch das mindert den ohnehin schon kärglichen Ertrag der Binnenfischer. Um das Maß voll zu machen, dringen die ungeliebten Krebse bei ihrer Wanderung stromaufwärts (mehr dazu im Kasten) gerne in die Aaltreppen ein, verstopfen sie und behindern dadurch die Wanderung der Fische.

Auch den Wasserwirtschaftsämtern sind Wollhandkrabben ein mehr oder weniger großer Dorn im Auge: Die Krebse können durch das Graben von Wohnhöhlen mit bis zu 80 Zentimeter langen Gängen massive Schäden an Uferböschungen oder gar Dämmen und Deichen verursachen.

Experten haben errechnet, dass die Wollhandkrabbe in deutschen Gewässern bisher Schäden in Höhe von rund 80 Millionen Euro verursacht hat.

All das hat jedoch nicht etwa eine heimische Tierart angerichtet, son-

Sie fressen den Fischern den Fang weg und zerschneiden dann die Netze.

Sie hat hierzulande bisher Schäden von rund 80 Millionen Euro verursacht.

dern eine Art, die bei uns in Deutschland erst seit knapp 100 Jahren zu Hause ist. Denn die eigentliche Heimat der Chinesischen Wollhandkrabbe (*Eriocheir sinensis*) ist die chinesische Tiefebene am Gelben Meer. Wann genau und auf welchem Weg das ungewöhnlich aussehende Krebstier nach Deutschland gelangt ist, weiß man nicht mit Sicherheit. Wissenschaftler vermuten, dass eine große Zahl ihrer Larven als blinde Passagiere mit dem Ballastwasser (mehr dazu auf Seite 10) von Handelsschiffen 1910 in norddeutsche Häfen eingeschleppt wurde. Am 26. September 1912 wurde jedenfalls die erste Wollhandkrabbe in der Aller entdeckt.

Da die Krabbe in ihrer neuen Heimat keine natürlichen Feinde zu fürchten hatte, nahm ihre Zahl bald zu, und sie verbreitete sich blitzschnell in den norddeutschen Flusssystemen. Vielerorts wurden die Tiere zu einer gefürchteten Plage. Bereits 1928 war die Zahl der Wollhandkrabben in der Elbe so hoch geworden, dass sich die ansässigen Fischer bei den Behörden massiv über den Fischereischädling beschwerten.

Man versuchte deshalb mit groß angelegten Bekämpfungsaktionen die Zahl der unerwünschten Zuwanderer kräftig zu reduzieren. So wurden 1935 in der Elbe 500 Tonnen Wollhandkrabben gefangen. Ganze Fuhrwerksladungen der unbeliebten Krebstiere wurden den Landwirten in der Umgebung zur Verfügung gestellt, um sie an Schweine und Hühner zu verfüttern oder mit ihnen die Felder zu düngen. Im Jahr darauf wurden in Norddeutschland von fleißigen Hilfskräften über 20 Millionen Wollhandkrabben eingesammelt – ohne dass dies ihre Ausbreitung auch nur im Geringsten behindert hätte.

> **Groß angelegte Fangaktionen blieben gänzlich ohne Erfolg.**

Anfang der 1940er Jahre, als im Zuge der zunehmenden Industrialisierung vor allem im mitteldeutschen Raum Abwässer die Elbe massiv verschmutzten, ging die Wollhandkrabbenpopulation deutlich zurück. Nach dem Zweiten Weltkrieg erlebten die Krabben dann eine kurzfristige Renaissance und vermehrten sich ein paar Jahre lang wieder prächtig. Doch mit Beginn des Wirtschaftswunders und dem damit verbundenen Wiederaufbau der im Krieg zerstörten Industrieanlagen nahm

die Wasserverschmutzung wieder drastisch zu. Ab Anfang der 1960er Jahre wurden kaum noch Wollhandkrabben in der Elbe oder anderen Flüssen gesichtet.

Mit der Wiedervereinigung und dem damit verbundenen Zusammenbruch der Industrieanlagen in der ehemaligen DDR und dank dem Bau moderner Kläranlagen verbesserte sich die Wasserqualität der Elbe erneut. Die bittere Folge war, dass Ende der 1990er Jahre ähnliche Massenpopulationen wie in den 1930er Jahren auftraten. So wurden im Mai 1998 an der Elbstaustufe Geesthacht in gerade mal zwei Stunden über 75 000 Wollhandkrabben mit der Hand (!) gefangen. Heute ist die Wollhandkrabbe in nahezu allen Unterläufen der in die Nord- und Ostsee mündenden Flüsse zu finden. Aber auch viel weiter stromaufwärts, etwa in Basel, Dresden oder Prag, wurden schon Wollhandkrabben gesichtet. Selbst im Bodensee geht den Fischern ab und an eine Wollhandkrabbe ins Netz.

In Europa ist die Wollhandkrabbe heute in Skandinavien, Russland, Polen, Tschechien, den Niederlanden, Belgien, England, Frankreich und Portugal anzutreffen. In den USA gibt es Vorkommen in der Bucht von San Francisco und auf Hawaii.

Mittlerweile ist diese Krabbe jedoch für einige Fischer vom Erzfeind zur sprudelnden Einnahmequelle mutiert. Die Fischer haben herausgefunden, dass Wollhandkrabben in ihrem Heimatland China, aber auch in Japan und Korea als Delikatesse begehrt sind. Bei asiatischen Feinschmeckern steht das milde, leicht süßlich schmeckende Fleisch der Krebse ebenso hoch im Kurs wie bei uns Mitteleuropäern das zarte Fleisch eines Hummers oder einer Languste. Das Verlangen nach den zehnbeinigen Leckerbissen ist gerade im Reich der Mitte jedoch so groß, dass noch nicht einmal riesige Aquakulturanlagen mit einer Produktion von immerhin 200 000 Tonnen Wollhandkrabben pro Jahr den Bedarf decken können.

Diesen Markt bedienen nun seit einigen Jahren die deutschen Binnenfischer. Wurden die Einwanderer mit den haarigen Scheren zuerst nur gelegentlich an asiatische Zuwanderer, vietnamesische Lebensmittelgeschäfte oder ansässige Chinarestaurants verhökert, exportieren heute findige Berufsfischer an Havel und Elbe die anderswo begehrten Krabben gleich tonnenweise zurück in ihre fernöstliche Heimat. Allein die Havelfischer schicken mittlerweile pro Saison

rund 15 Tonnen Wollhandkrabben nach Seoul, Hongkong oder Peking zu einer zahlungskräftigen Kundschaft. Rund zwei Euro bringt den deutschen Fischern ein Kilogramm Wollhandkrabben ein – man fängt sie tonnenweise an Stauwehren und Schleusen. Deutsche Gourmets haben übrigens für die wanderlustigen Krebse bisher nur wenig Interesse gezeigt.

Aber nicht alle gefangenen Wollhandkrabben landen in der Gastronomie. Die Chitinpanzer der Tiere können nämlich als nachwachsender Rohstoff relativ leicht zur Chitosan-Herstellung verwendet werden. Chitosan ist eine begehrte Substanz, die in vielen Bereichen, wie etwa der Medizintechnik, der Lebensmittelindustrie und auch der Abwasserreinigung, Verwendung findet. Manchmal landen die vielseitig genutzten Krebse aber auch einfach in der Biogasanlage.

Das Wandern ist der Krabbe Lust

Zu Beginn der Paarungszeit im Juli kann man bei der Wollhandkrabbe ein Verhalten beobachten, das von keiner heimischen Krebsart bekannt ist: Die geschlechtsreifen Tiere begeben sich auf Wanderschaft, flussabwärts in Richtung Meer – und das meist in ganzen Horden. Diese Krebsmigration kann sich über mehrere Monate hinziehen, im Schnitt schaffen die Krustentiere acht bis zehn Kilometer pro Tag. Hindernisse auf dem Marsch, wie etwa Stauwehre oder Schleusen, werden per Landgang überwunden. Raffiniert: Die zuerst an der Flussmündung eintreffenden Männchen bilden dort eine riegelartige Sperre, die von den etwas später nachfolgenden Weibchen passiert werden muss. Dadurch wird gewährleistet, dass nahezu jedes Weibchen befruchtet wird.

Nach der Paarung wandern die Weibchen weiter bis zu den Prielen des Wattenmeers und überwintern dort. Die befruchteten Eier kleben sie an ihren Schwimmbeinen fest, um sie dann bis zum Schlüpfen der Larven im nächsten Frühjahr herumzutragen. Nachdem die Larven geschlüpft sind, sterben die Weibchen – sie pflanzen sich also nur einmal im Leben fort. Die jungen Krabben entwickeln sich im Küstenbereich und wandern dann im Alter von zwei Jahren wieder die Flussläufe hinauf.

Stalins letzte Armee

Die Kreaturen sahen aus, als wären sie gerade einem Science-Fiction-Film der 1950er Jahre entsprungen. Anfang der 1990er Jahre verfingen sie sich immer häufiger in den Fischernetzen der norwegischen 300-Seelen-gemeinde Bugøynes: Riesige Geschöpfe mit stachelbewehr-ten Panzern und sechs langen Beinen, ausgestattet mit mächtigen Greifscheren und sich ständig bewegenden Antennen. Da man die seltsamen Wesen zunächst keiner Tierart zuordnen konnte, machten in Norwegen bald Gerüchte von durch Mutationen entstandenen Meeres-monstern die Runde.

Verantwortlich für den Auftritt der vermeintlichen Monster in Bugøynes war jedoch nach al-lem, was wir heute wissen, nicht ein norwegischer Dr. Fran-kenstein, sondern ein russischer Diktator namens Josip Wissarionowitsch Dschugaschwili, besser bekannt unter dem Namen Josef Stalin.

Um atomverstrahlte Genmonster handelte es sich bei den Neuankömmlingen zum Glück nicht, sondern um Königs- oder Kamtschatkakrabben (*Paralithodes camtschaticus*). Diese Krebsart ist eigentlich Tausende von Kilometern ent-fernt zu Hause, nämlich, wie ihr Name verrät, im Nord-pazifik rund um die russische Halbinsel Kamtschatka. Die gigantischen Tiere können eine Beinspannweite von bis zu 1,8 Metern und ein Gewicht von über zehn Kilogramm erreichen.

Heute wissen wir, dass Stalin bereits in den 1930er Jah-ren die Idee hatte, die riesigen Krebse aus den nordpazifi-schen Gewässern in die Barentssee, genauer gesagt in die Bucht von Murmansk nahe der norwegischen Grenze zu importieren. Ziel der Krebsumsiedlung sollte es sein, für die damals von Hungersnöten arg gebeutelte Bevölkerung und die dort reichlich stationierten Truppen eine neue Nahrungsquelle im arktischen Meer zu schaffen. Allerdings wurden erst in den 1960er Jahren die Pläne des sowjeti-schen Gewaltherrschers in die Tat umgesetzt und die Rie-

> Die riesigen Geschöpfe haben einen stachel-bewehrten Panzer und sechs lange Beine.

Kulinarisch
gesehen kein
schlechter Fang!

senkrabben in großem Stil aus dem Nordpazifik in die
Bucht von Murmansk gebracht und dort ausgesetzt.

Die Neuankömmlinge schienen sich in ihrer neuen Heimat wohlzufühlen, denn sie vermehrten sich besser als
daheim. Das lag wohl zum einen an ihrer großen Nachkommenschaft (die Weibchen der Königskrabbe legen zwischen 400 000 und 500 000 Eier) und zum anderen an
der Tatsache, dass sie im Gegensatz zu ihren Artgenossen
im Pazifik einem deutlich geringeren Fischereidruck ausgesetzt waren. Natürliche Feinde hatten sie kaum zu fürchten – lediglich in den ersten Le-
bensmonaten können große
Fische Königskrabben noch gefährlich werden. So begannen
sich die Monsterkrabben sowohl
nach Westen als auch nach Osten
auszubreiten. Mittlerweile hat „Stalins letzte Armee", wie
die Krebse von den Norwegern oft bezeichnet werden, das
Nordkap umrundet und ist bis zur Nordspitze der norwegischen Lofoten vorgedrungen. Heute geht man davon aus,
dass sich rund zehn Millionen der riesigen Krabben in norwegischen Gewässern tummeln.

Die dortigen Fischer waren über die russischen Invasoren
zunächst alles andere als glücklich, da die gefräßigen Rie-

> **Die Krebse haben das
> Nordkap umrundet und
> schon die Lofoten erreicht.**

senkrabben nicht nur ständig ihre Netze zerrissen, sondern auch die Schnüre der Garnfischer kappten – ganz zu
schweigen vom Verspeisen der Köder an den Fangleinen.
Bald erkannten die Fischer jedoch, dass mit den Krebsen
zugleich auch eine hübsche Einnahmequelle in Norwegens
Küstengewässer eingewandert war: Kamtschatkakrabben
galten vor allem in Asien, aber auch bei uns als Delikatesse, deren Geschmack irgendwo zwischen Hummer und
Garnele liegen soll. Zitat aus einem bekannten Feinschme-
ckerjournal: „Das weiße Fleisch der Krebse ist von feiner
Textur,
hat eine nussige, leichte Süße und delikate Meeresnoten".

Mit dem Fang der langbeinigen Ungeheuer lässt sich richtig Geld verdienen, kostet doch eine Monsterkrabbe auf
dem Teller eines Restaurants in Tokio bis zu 400 Euro. So
hat sich „Stalins letzte Armee" letztendlich als Segen für
Norwegens Fischereiwesen entpuppt. 70 Prozent des Fangs
gehen nach Japan, 25 Prozent in die EU, dort vor allem
nach Deutschland und Belgien.

Um eine Überfischung und damit eine frühzeitige Ausrottung der Tiere zu vermeiden, wurde nur 200 Fischern eine
Lizenz zum Kamtschatkakrabbenfang erteilt. Es gelten
strenge Regeln: Nur männliche Krebse mit einem Panzer-
durchschnitt von mindestens 13 Zentimetern dürfen gefan-

gen werden. Kleinere Exemplare und Weibchen müssen wieder zurück ins Meer geworfen werden. Die Fangquote wurde auf 300 000 Exemplare beschränkt.

Um die Tiere auch außerhalb der Fangsaison der Kundschaft anbieten zu können, haben findige Fischer im Dörfchen Vardo im äußersten Nordosten Norwegens vor ein paar Jahren die weltweit erste Zuchtanlage für Königskrabben in Betrieb genommen. Vier Jahre lang werden hier die Krebse mit Fischabfällen gefüttert, bevor sie mit einem Gesamtdurchmesser von einem Meter und einem Gewicht von vier Kilo an Feinschmecker in die ganze Welt versandt werden.

In den letzten Jahren hat auch die Tourismusindustrie entdeckt, dass sich mit den kolossalen Krebsen durchaus ein paar Euro verdienen lassen. Erlebnistouren unter dem Motto „Monsterkrabbenjagd im Nordmeer" – eventuell sogar mit Tauchgang – erfreuen sich bei Norwegenbesuchern immer größerer Beliebtheit.

> Erlebnistouren unter dem Motto „Monsterkrabbenjagd" erfreuen sich größter Beliebtheit.

Ob der Krabbensegen auch Schattenseiten hat, sprich, ob die russischen Einwanderer einen negativen Einfluss auf die Meeresfauna der norwegischen Küstengewässer haben, ist noch nicht eindeutig geklärt und wird überaus kontrovers diskutiert.

Umweltschutzorganisationen, wie etwa der World Wide Fund for Nature (WWF), fordern eine rigorose Bekämpfung der Krabben, da sie befürchten, dass die massenhaft auftretenden Tiere einen irreversiblen ökologischen Kahlschlag auf dem Meeresboden anrichten: Sie sind als echte Allrounder bekannt, die nicht nur Seesterne, Seeigel und Muscheln, sondern auch alles andere vertilgen, was ihnen vor die Scheren kommt. Wissenschaftler des norwegischen Fischereiforschungsinstituts in Tromsö dagegen weisen auf die Tatsache hin, dass die Riesenkrabben seit über 15 Jahren in den norwegischen Gewässern hausen und das Ökosystem bislang gut mit den neuen Mitbewohnern zurechtzukommen scheint. Jetzt soll ein von der norwegischen Regierung mit rund 600 000 Euro gefördertes Forschungsprojekt die gegenwärtigen und zukünftigen ökologischen Auswirkungen des Russlandsimports genauer unter die Lupe nehmen.

Über die Frage, ob „Stalins letzte Armee" in Zukunft noch weitere Gebiete erobern wird, ist man sich in der Wissenschaft uneinig. Während die meisten deutschen und norwegischen Wissenschaftler nicht glauben, dass Kamtschatkakrabben noch viel weiter in Richtung Süden marschieren, sind einige russische Forscher deutlich skeptischer: So hält es der Forscher Juri Orlov, der in den 1960er Jahren maßgeblich an der Krabbenumsiedlung beteiligt war, für durchaus möglich, dass die Riesenkrabben eines Tages den Badegästen der deutschen Nordseeinseln begegnen oder gar die spanische Küste erreichen könnten.

Königskrabbe mit Petersilienöl

Man benötigt: 45 g Butter, 6 EL Olivenöl, Salz, schwarzen Pfeffer aus der Mühle, 1 Bund glatte Petersilie, 4 Königskrabbenbeine, 1–2 Zitronen, 250 g Miesmuscheln für den Sud, 1 kleine Schalotte, 5 cm einer Stange Staudensellerie, 5 cm Lauch, 150 ml Weißwein

So geht's:
1. Die Krabbenbeine 8 Minuten in Salzwasser kochen – nicht länger, sonst wird das Fleisch zäh. Herausnehmen und abtropfen lassen.
2. Die Butter in Würfel schneiden, 25 g davon kalt stellen. Öl mit Salz und Pfeffer würzen. Petersilie waschen, sehr fein schneiden, unterrühren und in eine Servierschale füllen. Die Krabbenbeine samt Schale in den Gelenken teilen und mit dem Küchenbeil längs halbieren, dann in eine ofenfeste Form legen und mit Pfeffer würzen. Zitrone in Spalten schneiden.

3. Schalotte und Gemüse fein würfeln. In einem Topf 20 g Butter schmelzen, Gemüsewürfel darin bei milder Hitze unter Rühren dünsten, dann pfeffern, Wein dazugießen und bei starker Hitze aufkochen. Die Muscheln dazugeben und zugedeckt 2–3 Minuten kochen.
4. Den Ofen auf 170 °C vorheizen. Muscheln aus dem Topf nehmen und anderweitig verwenden. Muschelsud durch ein feines Sieb gießen und auffangen, Gemüse ausdrücken.
5. Vom Sud 250 ml aufkochen. Den Topf vom Herd nehmen und die kalten Butterwürfel darin schwenken. Die Muschel-Butter-Sauce über die Krabbenbeinhälften träufeln. Beine auf mittlerer Schiene in den Ofen geben und 2–3 Minuten erwärmen – sie sollen dabei nicht bräunen. Krabbenbeine mit den Zitronenspalten anrichten und das Petersilienöl zum Überträufeln dazu reichen.

Sie frisst und
frisst und frisst –
die Spanische
Wegschnecke.

Die große Schleimerin

Es gibt wohl kaum ein Tier – und das schließt den Maulwurf mit ein –, das bei Hobbygärtnern derart unbeliebt ist wie die Spanische Wegschnecke. Mit großem Appetit vertilgen die gefräßigen Weichtiere alles an Grünzeug, was ihnen vor die Raspelzunge kommt. In der Abenddämmerung, wenn es kühler wird und sich Feuchtigkeit ausbreitet, verlassen die bis zu 18 Zentimeter großen Nacktschnecken ihre Verstecke und futtern die ganze Nacht über, was das Zeug hält. Morgens ziehen sie sich dann wohlgesättigt wieder in ihren Tagesunterschlupf zurück. Da die Schnecken meist gehäuft auftreten, sind kahlgefressene Gemüsebeete, geplünderte Erdbeerrabatten oder komplett vernichtete Salatköpfe die Folge – da leidet die strapazierte Gärtnerseele.

Aber nicht nur im Garten, sondern auch auf Rapsfeldern können die kleinen Vielfraße große Schäden anrichten. Angeblich fressen sie auf einigen Gebirgsalmen sogar den Kühen das Futter unter der Nase weg.

Mit den schleimigen Gemüseterroristen müssen sich Gärtner und Landwirte aber erst seit rund 30 Jahren herumschlagen, denn früher war das Vorkommen der Spanischen Wegschnecke (*Arion vulgaris*), die auch unter dem Namen Kapuzinerschnecke oder Lusitanische Wegschnecke bekannt ist, auf die Iberische Halbinsel beschränkt. Nebenbei bemerkt: Spanische Wegschnecken können äußerst variabel gefärbt sein, was es auch dem Laien erschwert, sie von unserer heimischen Art, der Großen Wegschnecke (*Arion rufus*), zu unterscheiden.

> **Kahlgefressene Gemüsebeete und vernichtete Salatköpfe – da leidet die Gärtnerseele.**

In den frühen 1960er Jahren hat die Schnecke jedoch damit begonnen, sich zunächst in Mitteleuropa und später auch in Nordeuropa breitzumachen. Die Tiere eroberten ihre neuen Heimatländer jedoch nicht mit Hilfe ihrer Laufsohlen – sie schaffen eben nur Schneckentempo (eine Spanische Nacktschnecke braucht rund zehn Tage, um einen Kilometer zurückzulegen), sondern wurden als Mitreisende per Lastwagen auf frischem Gemüse und anderen Pflanzen in ihre neuen Heimatländer verschleppt.

Als Folge dieser äußerst effektiven wie auch komfortablen Art der Verbreitung konnten die Schnecken bereits 1960 in der Schweiz und 1965 in Italien nachgewiesen werden. In Deutschland tauchte das gefräßige Weichtier erstmals 1969 in der Gegend von Lörrach auf – 1980 war dank reger Pflanzentransporte fast ganz Süddeutschland besiedelt. Es folgten Österreich (1972),

> **Die innerdeutsche Grenze war ein riesiger Schneckenzaun.**

Schweden (1975), Norwegen (1988), Finnland (1990), Dänemark (1991) und Polen (1996). In der DDR tauchte die Spanische Wegschnecke übrigens vor der Wiedervereinigung nicht auf – das verhinderte ein überdimensionaler Schneckenzaun, nämlich die Mauer.

Heute gehört die Spanische Wegschnecke mit bis zu zwölf Exemplaren pro Quadratmeter Garten nicht nur zu den häufigsten Schneckenarten in Deutschland, sondern sie

Ente zu vermieten

Eine ungewöhnliche Geschäftsidee aus Österreich verspricht jetzt eine ökologisch völlig unbedenkliche und dennoch erfolgreiche Art der Schneckenbekämpfung. Die Firma „Rent an Ent" vermietet nämlich Indische Laufenten an von Wegschnecken geplagte Hobbygärtner. Die Enten verspeisen die kriechenden Salatvernichter für ihr Leben gern – die Weichtiere sind wegen ihrer schleimigen Konsistenz für sie leicht zu schlucken. Sie werden immer paarweise vermietet und bleiben so lange bei ihren Leihfamilien, bis deren Garten völlig schneckenfrei ist. Die Kosten für die Schneckenbeseitigung per Laufente sind mit 10 bis 20 Euro pro Paar und Einsatz durchaus tragbar.

Die meisten Kunden sind dem Vernehmen nach mit der Arbeitsleistung der Enten mehr als zufrieden. Einigen Leihvätern oder Leihmüttern wachsen ihre gefiederten Helfer derart ans Herz, dass sie sie gar nicht mehr abgeben wollen.

Auch wenn „Rent an Ent" mittlerweile mit mehreren Umweltpreisen ausgezeichnet wurde, sind einige Tierschützer vom Konzept der Entenvermietung nur wenig begeistert, da ihrer Meinung nach dabei die Grundbedürfnisse der watschelnden Schneckenvertilger sträflich vernachlässigt werden.

richtet auch unter unseren Kulturpflanzen den mit Abstand größten Schaden an. Die Schnecken sind nämlich nicht nur äußerst mobil, sondern auch wenig lichtempfindlich. Außerdem kommen sie mit Trockenperioden deutlich besser zurecht als unsere heimischen Nacktschnecken. In Sachen Reproduktionsrate sind ihnen die Spanier ebenfalls überlegen. Ihre Gelege mit bis zu 400 Eiern sind nahezu doppelt so groß wie die ihrer deutschen Konkurrenz.

Bei feuchtwarmem Wetter kann die Vermehrung der Schnecken geradezu gigantische Dimensionen annehmen. Im Sommer 2007 wurden in Großbritannien Zeitungsberichten zufolge bis zu 1000 Exemplare pro Quadratmeter gezählt – da bleibt von einem Garten wenig übrig.

Ein weiterer Grund für die rasche Verbreitung der importierten Schnecken ist das fast völlige Fehlen von Fressfeinden in Mitteleuropa. Die üblichen heimischen Nacktschneckenvertilger wie Amseln, Stare, Maulwürfe oder Spitzmäuse verzichten nämlich bisher auf den Verzehr der

Spanier. Sie kommen einfach nicht mit dem zähen und ätzenden Schleim zurecht, der die Schnecken schützt. Selbst die meisten Igel, auf deren Speiseplan Nacktschnecken normalerweise ganz oben stehen, verschmähen die Schleimerin von

> Auch Bierfallen versagen – sie ziehen nur die Schnecken aus den Nachbargärten an.

der Iberischen Halbinsel. In jüngster Zeit hat man jedoch beobachtet, das einige besonders gewitzte Igel sich auf die neue Beute eingestellt haben – sie entfernen den unappetitlichen Schleim einfach durch ausgiebiges Rollen der Schnecken über den Boden. Allerdings dienen Spanische Wegschnecken diesen trickreichen Stacheltieren bestenfalls als Zubrot.

Was also kann ein schneckengeplagter Hobbygärtner tun, um seine Salatbestände vor den gefräßigen Immigranten zu schützen? Viele der üblichen in Gartenzeitschriften publizierten Tipps gegen Schnecken sind gegenüber Spanischen Wegschnecken leider vollkommen nutzlos.

So lassen sich zwar mit den berühmt-berüchtigten Bierfallen einige der Tiere wegfangen, der duftende Gerstensaft zieht aber auch schleimige Kollegen aus den Nachbargärten an, die sich dann auf ihrem Weg zur Falle den Bauch vollschlagen oder gar Eier ablegen. Von den in letzter Zeit in Mode gekommenen „Verpiss-dich-Pflanzen" lassen sich Wegschnecken auch nicht abhalten. Sie wirken lediglich bei Hunden, Katzen und Kaninchen.

Nützlinge, die gezielt gegen die Schnecken eingesetzt werden können, gibt es relativ wenig: So zeigten Versuche mit dem Gemeinen Grabkäfer, der bevorzugt die Eier der Spanischen Wegschnecke frisst, nicht den erwarteten Erfolg.

In der Schweiz probiert man zurzeit, ob parasitäre Fadenwürmer die gefräßigen Gartenverwüster in Schach halten können. Erste Tests verliefen äußerst vielversprechend.

Mit sogenannten Molluskiziden – chemischen Schneckenbekämpfungsmitteln – lassen sich in der Regel gute Erfolge erzielen. Allerdings lehnen viele Gärtner diese Mittel wegen ihren oft wenig umweltfreundlichen Nebenwirkungen ab.

Wer also auf den Einsatz von Chemie verzichten will, dem bleibt vorerst nur übrig, die Schnecken allmorgendlich mühsam per Hand abzusammeln, seine Beete mit kostenintensiven Schneckenzäunen zu schützen oder auf die Hilfsdienste einer „Leihente" (siehe Kasten) zurückzugreifen.

Der ätzende Riese aus dem Kaukasus

Ein eigenes Lied von einer weltberühmten Rockband gewidmet zu bekommen – das können sicherlich nicht viele Pflanzenarten für sich in Anspruch nehmen. Eine Besonderheit ist da der Riesen-Bärenklau, dem die britische Popgruppe Genesis auf ihrem 1971 erschienen Album „Nursery Cryme" ein musikalisches Denkmal setzte.

Der Song „Return of the Giant Hogweed" („Die Rückkehr des Riesen-Bärenklaus") ist jedoch nicht etwa ein Liebeslied, sondern warnt eindrücklich vor dem unglaublichen Ausbreitungspotenzial und den Gefahren, die von diesen gigantischen Pflanzen ausgehen: „Nichts kann sie stoppen, ihre Macht wächst, sie sind unbesiegbar, immun gegen alle Herbizide", heißt es im Text. Das Lied geht auf einen aufsehenerregenden Riesen-Bärenklau-Unfall in England Anfang der 1970er Jahre zurück, bei dem sich mehrere Kinder beim Herstellen von Blasrohren aus den hohlen Stängeln der Pflanze erheblich verletzten.

Mit dem Genesis-Song sind wir schon mittendrin in der Bärenklau-Problematik. Ursprünglich war der Riesen-Bärenklau (*Heracleum mantegazzianum*), der wegen seiner imposanten Größe von bis zu dreieinhalb Metern auch Herkulesstaude genannt wird, nämlich gar nicht in Mitteleuropa, sondern im Kaukasus zu Hause. Mit seinen bis zu drei Meter langen, gefiederten Blättern und seinen großen, dekorativen Blütendolden gehört er sicherlich zu den beeindruckendsten pflanzlichen Neubürgern überhaupt.

Angefangen hat eigentlich alles mit der Niederlage Napoleons bei Waterloo.

Der russische Zar Alexander I war in indirekter Folge dessen für die Ausbreitung der Pflanze in Mitteleuropa verantwortlich. 1815 schenkte er nach Beendigung des berühmten Wiener Kongresses, auf dem nach dem Sieg über Napoleon eine „Neuordnung Europas" beschlos-

> **Angefangen hat alles mit der Niederlage Napoleons bei Waterloo.**

Gefährliche
Schönheit! Nicht
berühren!

Sein überdimen-
sionales Erscheinungs-
bild weckt Interesse
und macht ihn leider
auch bei Kindern sehr
attraktiv.

sen wurde, dem österreichischen Außenminister Klemens Fürst von Metternich eine riesige Malachitvase, gefüllt mit Samen der kaukasischen Riesenstaude. Von Metternich ließ das kaiserliche Geschenk in seine Sommerresidenz, Schloss Königswart in Böhmen, bringen, wo er den Bärenklau in den fürstlichen Gewächshäusern als Zierpflanze züchten und später offensichtlich unkontrolliert im Freien aussetzen ließ.

Ab dem Ende des 19. Jahrhunderts wurde die Riesenstaude aus dem Kaukasus in Europa in vielen botanischen und privaten Gärten sowie in öffentlichen Parks als Zierde angepflanzt.

Der Riesen-Bärenklau breitete sich schnell aus: Eine einzige Pflanze produziert bis zu 30 000 Samen. Die Riesen-Bärenklausamen selbst werden durch den Wind verbreitet, häufig aber auch schwimmend über Fließgewässer und gelegentlich sogar durch Tiere, wenn die Pflanzen an Wildwechseln stehen.

> **Eine einzige Pflanze der Riesenstaude produziert bis zu 30 000 Samen.**

Auch der Mensch ist – wenn auch unbeabsichtigt – kräftig an der Verbreitung des Bärenklaus beteiligt, zum Beispiel durch den Transport von kontaminiertem Erdmaterial beim Straßenbau oder aber durch Samen, die in Reifenprofile landwirtschaftlicher Fahrzeuge gelangen.

Bei uns ist die anspruchslose Art an den unterschiedlichsten Standorten zu finden: An Fluss- und Bachufern, Straßenrändern, Waldrändern und auf Waldlichtungen, auf Halden, Wiesen und Äckern.

Maßgeblich zur Ausbreitung des Riesen-Bärenklaus in Mitteleuropa hat sicher auch die Tatsache beigetragen, dass man sich von ihm einen wirtschaftlichen Nutzen versprach. So wurde die Pflanze in Jagdzeitschriften gerne als hervorragende Deckungspflanze propagiert, die dem Wild mit ihren großen Blättern zusätzlichen Sichtschutz verschaffen sollte. Zudem wurde sie wegen ihrer riesigen Dolden, die aus bis zu 80 000 Einzelblüten bestehen, immer wieder Imkern als hervorragende Bienenweide empfohlen.

Erst später fand man heraus, dass der Riesen-Bärenklau als Deckungspflanze überhaupt nicht geeignet ist. Man hatte nämlich übersehen, dass die Pflanze ihre „verdeckenden" Blätter erst relativ spät im Jahr ausbildet, zu einer Zeit, in der die Tiere bereits anderswo ausreichend De-

ckung finden. Zudem verliert der frostempfindliche Riesen-Bärenklau seine Blätter bereits in den ersten kalten Nächten. Und auch als Bienenweide ist er relativ uninteressant, da er erst im Hochsommer blüht, wenn die Bienen auch anderswo reichlich Nektar finden können.

Heute ist der Riesen-Bärenklau auf dem europäischen Festland von Zentralrussland im Osten bis nach Frankreich im Westen, von Skandinavien im Norden bis nach Ungarn im Süden zu finden. Dazu kommen große Vorkommen auf den Britischen Inseln sowie Bestände in Nordamerika.

Wirtschaftlicher Nutzen Fehlanzeige: als Deckung für das Wild ist die Pflanze nicht geeignet.

Der Riesen-Bärenklau ist gleich aus mehreren Gründen ein nicht besonders gerngesehener Gast in unserer heimischen Flora und beschäftigt seit Längerem immer wieder die zuständigen Behörden.

Was den Riesen-Bärenklau für Menschen so gefährlich macht, ist sein Pflanzensaft, der, wie bei anderen Doldenblütengewächsen auch, Furanocumarine enthält. Das sind Substanzen, die auf der Haut bei gleichzeitiger oder anschließender Bestrahlung durch Sonnenlicht sogenannte phototoxische Reaktionen, das heißt Reizungen und Rötungen mit verbrennungsähnlichen Symptomen, hervorrufen können.

Diese Furanocumarine sind in allen Pflanzenteilen enthalten, der höchste Gehalt findet sich mit bis zu 3,5 Prozent in den Früchten. Blätter und Blüten enthalten dagegen lediglich etwa 0,3 Prozent der photosesiblen Substanzen.

Ein einfacher Kontakt mit den Blättern genügt, um Hautentzündungen hervorzurufen.

Bei empfindlichen Menschen genügt bereits ein einfacher Kontakt mit der Oberfläche der Blätter, um äußerst schmerzhafte Hautentzündungen, die meist mit Blasenbildung einhergehen, zu verursachen. Besonders heimtückisch ist die Tatsache, dass die Reaktionen auf der mit Furanocumarinen kontaminierten Haut auch erst Tage später durch einstrahlendes Sonnenlicht ausgelöst werden können.

Der Heilungsprozess der oft anhaltend nässenden Wunden kann sich über Wochen hinziehen und geht oft mit anhaltenden Pigmentveränderungen einher. Manchmal

bleiben auch unschöne Narben zurück. Häufig begleiten weitere Reaktionen die Entzündung, wie Kreislaufprobleme, Fieber und Schweißausbrüche.

An heißen Tagen gibt der Riesen-Bärenklau die gesundheitsschädlichen Furanocumarine sogar in die Luft ab (Fachleute bezeichnen diesen Vorgang als „Ausgasen"). Es genügt dann bereits ein längerer Aufenthalt in der Nähe der Pflanze, um sich Verbrennungen, Atemnot und unter Umständen sogar eine über mehrere Wochen andauernde Bronchitis einzuhandeln.

Unglücklicherweise sind es immer wieder Kinder, die von den Riesendoldenblütlern geradezu magisch angezogen werden. Die auffälligen und großwüchsigen Pflanzen eignen sich nämlich nicht nur hervorragend zum Versteckspielen, ihre Stängel können vielmehr auch bei Ritterspielen als Speere, Schwerter oder Blasrohre benutzt werden. So mussten in der Vergangenheit immer wieder Kinder, die sich ausgerechnet Riesen-Bärenklaupflanzen als Spielzeug ausgesucht hatten, mit massiven Verbrennungen im Krankenhaus behandelt werden.

> **Mit Riesen-Bärenklau spielende Kinder mussten im Krankenhaus behandelt werden.**

Wer mit einem Riesen-Bärenklau nähere Bekanntschaft gemacht hat, sollte die betroffenen Hautpartien sofort mit reichlich kaltem Wasser waschen und danach mit einem feuchten Tuch abdecken, um die gereizte Haut einerseits zu kühlen und sie anderseits vor Sonneneinwirkung zu schützen. Bei großflächigen Verbrennungen sollte unbedingt ein Arzt aufgesucht werden.

Die Herkulesstaude hatte 2008 die zweifelhafte Ehre, vom Botanischen Sondergarten Wandsbek zur Giftpflanze des Jahres gewählt zu werden – das ist kaum verwunderlich.

Mal ganz abgesehen von der Gefährdung spielender Kinder sowie der Waldspaziergänger und Forstarbeiter: Aus Sicht des Naturschutzes ist der Neubürger aus dem Kaukasus ebenso ungern gesehen. Gerade bei größeren Vorkommen behindern die riesigen Stauden durch den Schatten, den ihre großen Blätter werfen, das Wachstum anderer – so können sie heimische Pflanzen verdrängen. Hinzu kommt, dass der Riesen-Bärenklau häufig am Rand von Fließgewässern wächst, seine Wurzeln jedoch keine

die Böschung befestigende Wirkung haben, sodass man eine erhöhte Erosionsgefahr befürchten muss.

In Naturschutzgebiete und andere gefährdete Biotope dringt der Riesen-Bärenklau allerdings nur vereinzelt ein – kontaminierte Traktorenreifen sind hier selten. Hat er sich dennoch dort breit gemacht, kann er seltene Pflanzenarten verdrängen oder Pflegemaßnahmen des Naturschutzes behindern. Verglichen mit anderen invasiven Pflanzenarten hält sich der ökologische Schaden durch den Riesen-Bärenklau jedoch in Grenzen.

> **Im Schatten ihrer großen Blätter können andere Pflanzen nicht gedeihen.**

Dennoch gehört diese Art in Deutschland zu den am heftigsten bekämpften Neophyten. Allerdings ist die Bekämpfung eine schwierige, mühselige und langwierige Aufgabe, die nur selten von durchschlagendem Erfolg gekrönt ist: Die Pflanze mit ihrem ausdauernden Wurzelstock und ihren Unmengen von Samen weigert sich beharrlich zu verschwinden und breitet sich immer wieder aufs Neue aus.

Als effektivste Maßnahmen haben sich bisher zum einen das Abstechen der obersten Wurzelstockschicht im Herbst oder Frühjahr bewährt und zum anderen ein ein- oder mehrmaliger Schnitt zu Beginn oder während der Blüte. Außerdem hat sich gezeigt, dass eine Beweidung durch Schafe ebenfalls das Wachstum reduziert – sie fressen den Riesen-Bärenklau. Eine Behandlung mit Herbiziden hingegen ist meist nur auf land- oder forstwirtschaftlichen Flächen erlaubt.

Bei der Bekämpfung des Riesen-Bärenklaus muss jeder Hautkontakt mit der Pflanze vermieden werden. Man sollte daher nicht nur alle Körperteile mit Schutzkleidung bedecken, sondern auch eine Atemschutzmaske tragen. Wegen der Phototoxizität des Riesen-Bärenklaus empfiehlt es sich außerdem, die Bekämpfungsmaßnahmen bei bedecktem Himmel oder in der Abenddämmerung vorzunehmen.

Der Schrecken der Allergiker

*A*mbrosia artemisiifolia: Einen verführerischen Klang hat er ja, der wissenschaftliche Name der Beifuß-Ambrosie. Mit der gleichnamigen himmlisch süßen Speise der griechischen Götter, die zudem auch noch Unsterblichkeit verleihen soll, hat diese Pflanze jedoch so gar nichts gemein. Im Gegenteil: Die Ambrosie bereitet zumindest den Sterblichen große Probleme – gehört sie doch zu den stärksten Allergieauslösern überhaupt. Zeus, Hera, Apollo & Co. waren offensichtlich keine Allergiker.

> Die Beifuß-Ambrosie gehört zu den stärksten Allergieauslösern überhaupt.

Die Beifuß-Ambrosie ist auch keine Griechin, sondern eine gebürtige Nordamerikanerin. Ihre Samen wurden jedoch durch den globalen Warenverkehr – meist als unbeabsichtigte Beimischung in der Ladung von Getreideschiffen – in viele Teile der Welt verschleppt. Auf dem europäischen Kontinent fasste die Ambrosie wohl zuerst in Südosteuropa Fuß. Relativ rasch wurden Ungarn, Bulgarien, die Ukraine, die Slowakei und Slowenien geradezu flächendeckend von der unscheinbaren Pflanze erobert. Aber auch in einigen Gebieten Österreichs, der Südschweiz, Norditaliens und Südostfrankreichs kommt die Beifuß-Ambrosie mittlerweile recht häufig vor.

Auf den ersten Blick sieht die unscheinbare Ambrosie dem harmlosen Beifuß ähnlich.

In Deutschland wurde die Pflanze erstmals 1860 in Hamburg entdeckt. Den Sprung über den Atlantik hatte sie wahrscheinlich als „Verunreinigung" einer Schiffsladung amerikanischer Kleesaat geschafft. So richtig großflächig etablieren konnte sich die Pflanze allerdings lange Zeit nicht. Lediglich vereinzelt trat sie auf den Trümmerfeldern nach dem Zweiten Weltkrieg, an Verladeplätzen in Hafenanlagen und an Bahnhöfen auf. Bis zum Ende der 1970er Jahre gab es nur wenige dauerhafte Vorkommen, zum Beispiel im Oberrheingebiet oder in der Lausitz. Mittlerweile wurden aber auch in vielen Teilen Deutschlands kleinere oder größere Ambrosiabestände festgestellt. Eine Studie des Bundesamtes für Naturschutz (BfN) aus dem Jahr

> 63 Prozent aller deutschen Landkreise sind mit Ambrosia kontaminiert.

2008 gab an, das bereits 63 Prozent aller deutschen Land-
kreise mit Ambrosia kontaminiert sind.

Sie ist eigentlich recht unscheinbar und wird daher, ins-
besondere wenn die Pflanze nicht blüht, leicht mit anderen,
harmlosen Arten verwechselt. Laien wissen oft lange nicht,
welche Plage sich in ihrem Garten angesiedelt hat. Sicher
identifizieren kann man die je nach Standort zwischen 20
Zentimeter und zwei Meter hohe, buschartig wachsende Beifuß-Ambrosie nur an ihren beiderseits grünen Blättern und den behaarten Stängeln.

> **Der Schrecken der Aller-
> giker ist unscheinbar und
> wird leicht übersehen.**

Begünstigt wurde die rasche Aus-
breitung durch die Tatsache, dass die Ambrosie hierzulande
keinem Pflanzenfresser schmeckt und dass, wie so oft,
auch der Mensch bei der Verbreitung der Samen mitgehol-
fen hat. Die natürliche Verbreitung der Pollen (eine Pflanze
produziert bis zu eine Milliarde Pollen) erfolgt mit dem
Wind. Die Samen, die übrigens bis zu 40 Jahre lang keim-
fähig bleiben, werden nicht nur mit kontaminiertem Saat-
gut, sondern auch mit Erdmaterial per Eisenbahn, Pkw,
Lkw oder sogar auf den Tragflächen von Flugzeugen verschleppt. Manchmal werden schlicht und einfach Schuh-
sohlen als Transportmittel genutzt.

Untersuchungen haben jedoch gezeigt, dass mit Samen
der Beifuß-Ambrosie verunreinigtes Vogelfutter die Haupt-
ursache für die Verschleppung der Pflanze in Deutschland
ist. Untersuchungen in den Jahren 2005 bis 2007 zeigten,
dass rund 70 Prozent des in Deutschland gehandelten Vogelfutters mit Ambrosiasamen (bis zu 2000 Samen pro Kilo
Vogelfutter!) verseucht waren. Deshalb findet man bei uns
Ambrosien am häufigsten in Gärten mit Vogelhäuschen
oder anderen Vogelfutterplätzen.
Und da die Beifuß-Ambrosie bis
zu 60 000 Samen produzieren
kann, können sich aus einer einzigen Pflanze relativ schnell große
Bestände entwickeln.

> **Man findet Ambrosien bei
> uns am häufigsten in Gärten
> mit Vogelfutterhäuschen.**

Ein weiterer Grund für die Ausbreitung der Beifuß-Ambrosie in den letzten Jahren scheint die globale Erwärmung
zu sein. Hierbei kommt der Pflanze nach Ansicht der Experten wohl vor allem die verlängerte Wachstumsperiode
zugute, bedingt durch die gehäuften warmen Spätsommer.

dige Reinigung der Futtermittel von Ambrosiasamen anzustreben. So gab im März 2008 das Bundesministerium für Ernährung, Landwirtschaft und Verbraucherschutz (BMELV) ein für Futtermittelproduzenten und -importeure ausgearbeitetes Merkblatt heraus, in dem eine Reinigung des angebotenen Vogelfutters gefordert wurde. Ein erster Orientierungswert von 35 Ambrosiasamen pro Kilogramm Vogelfutter (= 0,02 Prozent) soll in Zukunft nicht mehr überschritten werden.

Gleichzeitig wurde die Bevölkerung aufgerufen, beim Kauf nach ambrosiafreiem Vogelfutter zu fragen. Im Herbst desselben Jahres boten daraufhin zahlreiche Hersteller Vogelfutterprodukte mit dem Label „Ambrosia-kontrolliert" an. Eine Untersuchung der „Projektgruppe Biodiversität und Landschaftsökologie" zeigte jedoch, dass man sich als Endverbraucher – um es gelinde auszudrücken – nur sehr bedingt auf diese Kennzeichnung verlassen kann. So enthielten 90 Prozent der untersuchten Proben immer noch Ambrosiasamen, obwohl sie auf der Verpackung als „Ambrosiakontrolliert" ausgewiesen waren. 45 Prozent der Proben überstiegen sogar den Orientierungswert des BMELV.

> Auf das Label „Ambrosia-kontrolliert" kann sich der Verbraucher nicht verlassen.

Offensichtlich ist man in Sachen ambrosiafreies Vogelfutter bei den Eidgenossen deutlich weiter. In der Schweiz darf nämlich per Gesetz bereits heute ein Wert von 0,005 Prozent (rund zehn Ambrosiasamen pro Kilo Vogelfutter) nicht überschritten werden.

Die Killeralge aus dem Schwabenland

„Killeralge", „Todesalge", „Grüne Pest", „Schlimmer als eine Ölpest" oder gar „AIDS des Meeres" – kaum eine andere Pflanze wird mit so hässlichen Beinamen belegt wie die Alge *Caulerpa taxifolia*. Es handelt sich dabei um eine ursprünglich aus dem Indopazifik stammende Algenart, die ins Mittelmeer eingeschleppt wurde und sich dort mit äußerst negativen Folgen für die Umwelt rasant verbreitet hat. Den Weg ins Mittelmeer fand die unbeliebte Algenart über einen Umweg durch das Schwabenland. *Caulerpa taxifolia* ist in der berühmten Wilhelma, dem zoologisch-botanischen Garten der Stadt Stuttgart, eine beliebte Aquarienpflanze. Denn neben ihrem hübschen Aussehen sorgt sie dank giftiger Ausscheidungsprodukte dafür, dass die Schaubecken des Zoos nicht oder zumindest nur sehr langsam von anderen, weniger hübschen Algenarten überwuchert werden. Da kann man sich ganz schön Putzarbeit sparen.

> So hässliche Beinamen hat keine andere Pflanzenart.

Im Rahmen des üblichen Austauschs zwischen europäischen Aquarien wurde die Alge dann eines Tages an das seinerzeit vom weltberühmten Meeresforscher Jacques Cousteau geleitete Aquarium des Ozeanografischen Museums von Monaco weitergeben. Von dort gelangte Caulerpa taxifolia 1984 ins Mittelmeer. Wie die Alge aus dem Aquarium entwischen konnte, ist umstritten. Während die meisten Experten davon ausgehen, dass sie durch ein Versehen mit dem Abwasser ins Mittelmeer entlassen wurde, wollen aber auch Gerüchte nicht verstummen, Caulerpa taxifolia sei von Mitarbeitern gezielt ausgesetzt worden.

In der tropischen Heimat gerade mal 20 Zentimeter lang, entwickelt die „Eibenblättrige", wie ihr wissenschaftlicher Name ins Deutsche übersetzt heißt, im Mittelmeer Wedel, die das Vier- bis Fünffache messen können. Die für eine Tropenpflanze im Mittelmeer mit unter 12 °C im Winter

Stück für Stück erobert Caulerpa den Meeresboden.

eher unwirtlichen Temperaturen steckte Caulerpa erstaunlich gut weg. Sie begann sich, zunächst weitgehend unbemerkt, auszubreiten. Als man der neuen Algenart an der Côte d'Azur dann endlich genauere Aufmerksamkeit schenkte, war es zu spät: Einzelne Algenflecken hatten sich bereits zu riesigen Flächen ausgedehnt. Caulerpa wuchs so gut, dass sie die einheimische Pflanzenwelt geradezu überrollte. Wie ein grüner Teppich überwucherte die Alge den Meeresboden, raubte den anderen Meerespflanzen dadurch Sonnenlicht und Nährstoffe und erstickte so alles Leben – eine richtige Killeralge eben.

> **Wie ein grüner Teppich überwuchert die Alge den Meeresboden.**

Besonders fatal war dabei die Vernichtung der wertvollen Seegraswiesen, die als Nährstoffproduzent und Lebensraum vieler Pflanzen- und Tierarten von enormer Bedeutung für das marine Ökosystem sind. Überall, wo sich die Alge breit machte, starb die gesamte Unterwasserwelt. Wo sich Unterwassersportler vor dem Algenbefall noch an intakten, von Fischen bewohnten Seegraswiesen und an von Schwämmen, Korallen und Seeigeln besiedelten Felswänden erfreuen konnten, fanden sie nun nur noch eine monotone grüne Algenwüste, die den Meeresboden wie ein Leichentuch bedeckte.

Da die Alge obendrein auch noch verschiedene Gifte – sogenannte Caulerpene – produziert, ist sie bei den vegetarisch lebenden Meeresbewohnern äußerst unbeliebt und hat daher im Mittelmeer keine natürlichen Feinde zu fürchten. Ein Laborversuch ergab, dass Seeigel, sonst eifrige Algenvertilger, sogar lieber verhungern, als ein Häppchen Caulerpa zu kosten.

> **Seeigel verhungern lieber, als ein Häppchen Caulerpa zu probieren.**

Ein kleiner Trost: Für den Menschen selbst, also für Taucher oder Schwimmer, ist die Meerespflanze – Killeralge hin oder her – auch bei intensivem Hautkontakt völlig harmlos.

1994 zeigten Untersuchungen, dass sich die kleine, ursprünglich nur einen winzigen Quadratmeter große monegassische Kolonie in nur zehn Jahren geradezu metastasenartig auf eine Gesamtfläche von über 1500 Hektar vermehrt hatte. Im Jahr 2000 waren bereits über 6000 Hektar von der alles erstickenden Alge bedeckt.

Verantwortlich für die rapide Ausbreitung von Caulerpa taxifolia sind ihre spezielle Art der vegetativen Vermehrung und der lebhafte Schiffsverkehr im Mittelmeer. Die Schiffe reißen nämlich immer wieder mit ihren Ankern Teile der Algen los, die dann mit der Strömung verdriftet werden und sich an einem anderen Ort zu einer vollständigen Pflanze entwickeln können. Mit den Schiffen selbst kann die Alge sogar noch bedeutend größere Entfernungen zurücklegen. Da Caulerpa ein gewisses Maß an Austrocknung ohne größere Schäden übersteht, kann sie bis zu zehn Tage lang in einem Ankerkasten überleben. Zeit genug also, eine ordentliche Schiffsreise mitzumachen und in völlig neue Gebiete vorzustoßen.

Ein Beleg für den Transport per Ankerkasten ist die Tatsache, dass man neue Caulerpavorkommen fast ausschließlich in der Nähe von Häfen gefunden hat. In den 1990er Jahren eroberte die invasive Alge so die italienische Riviera, Sizilien, Elba und die Balearen. Bald kamen auch beunruhigende Nachrichten von der kroatischen Küste, wo die grüne Gefahr ebenfalls an mehreren Stellen aufgetaucht war.

> **Die Algen können bis zu zehn Tage in einem Ankerkasten überleben.**

Natürlich versuchte man, den unerwünschten Eindringling mit allen zur Verfügung stehenden Mitteln wieder loszuwerden. Aber weder ein Herausreißen durch Taucher noch ein Abdecken mit Planen oder gar ein Verbrennen durch Unterwasserfackeln erwies sich als effiziente Methode, der grünen Plage Herr zu werden.

Auf Mallorca gelang es zunächst mit Hilfe von Berufstauchern, die Algen durch manuelles Beseitigen an der Ausbreitung zu hindern. Eine komplette Ausmerzung konnte jedoch nicht erzielt werden. Die Kosten dieser Vernichtungsaktion waren mehr als beträchtlich: Die Beseitigung von gerade mal einem Quadratmeter Algenrasen durch Taucher kostete stolze 400 Euro.

Im südfranzösischen St. Cyprien wurde ein riesiger Caulerpateppich im Hafen von den Behörden mit Tonnen von Meersalz überschüttet. Der Erfolg der aufwändigen Aktion war leider eher bescheiden und nur von kurzer Dauer. Zwar konnte ein großes Loch in die Algenkolonie gerissen werden, es wurde jedoch in null Komma nichts erneut besiedelt. Wer den Schaden hat, braucht für den Spott nicht

zu sorgen: Eine Lokalzeitung kommentierte die fehlgeschlagene Mission bissig: „Nach dem Salz fehlt jetzt nur noch der Pfeffer auf dem Nizza-Salat" – eine Anspielung auf die Herkunft der grünen Invasoren.

Hoffnung in Sachen Algenvernichtung verspricht jetzt eine kleine Nacktschnecke, die auf den schönen wissenschaftlichen Namen *Elysia subornata* hört. Diese Meeresschnecke ist Vegetarierin und eigentlich in den Riffen der indonesischen Inseln zu Hause. Sie toleriert beim „Beweiden" von Caulerpa taxifolia nicht nur deren Gifte, sondern baut diese sogar im eigenen Körper ein und kann sich auf diese Weise selbst vor Fressfeinden schützen. Und vermehrungsfreudig ist die kleine tropische Schnecke auch noch.

Im Laboraquarium des französischen Wissenschaftlers Alexandre Meinesz in Nizza klappt die Algenvernichtung per Nacktschnecke ganz ausgezeichnet. Die kleinen Schleimer verputzen die Algen auch unter simulierten Mittelmeerbedingungen, ohne selbst Schaden zu nehmen. Allerdings zögern die Behörden noch, die Schnecken in großem Rahmen zum Einsatz zu bringen. Allzu oft gingen in der Vergangenheit Versuche einer biologischen Kontrolle gewaltig in die Hose: Eine erhoffte Lösung wurde dann sogar

Weltmeisterin in Sachen Wundverschluss

Forscher des Max-Planck-Instituts für chemische Ökologie in Jena gelang es vor Kurzem, ein weiteres wichtiges Detail für den rasanten Siegeszug von Caulerpa taxifolia herauszufinden: Die außerordentlich erfolgreiche asexuelle Vermehrungsstrategie der Algen (siehe Seite 127) hängt auch damit zusammen, dass die Pflanze Weltmeisterin in Sachen Wundverschluss ist: Werden die riesigen, oft meterlangen Zellen der invasiven Alge zerrissen, kann sie mit einer Art selbstgemischtem biologischem Zweikomponentenkleber die Rissflächen innerhalb weniger Sekunden mit einem gelatineartigen Wundpfropf verschließen. Die derart versiegelten Fragmente werden dann oft von der Strömung weggetragen und bilden den Grundstock für neue Algenkolonien.

zu einem noch größeren Problem (siehe Seite 154). Auch in Südfrankreich möchte man auf keinen Fall den Teufel mit dem Beelzebub austreiben.

Aber auch ohne die gefräßige Nacktschnecke gibt es seit Kurzem Hoffnung an der Algenfront im Mittelmeer: Die Verbreitung der Killeralgen scheint sich rückläufig zu entwickeln. Aus den Gewässern rund um die Ferieninsel Mallorca ist Caulerpa mittlerweile völlig verschwunden. Die Ursachen für den Rückgang sind indes noch unklar. Laborversuche zeigten, dass nicht, wie zunächst vermutet, eine Viruserkrankung für das Verschwinden der Alge verantwortlich ist, sondern möglicherweise Fische des Rätsels Lösung

> Ein großes Loch in der Algenkolonie war in null Komma nichts wieder zugewachsen.

sind. Beobachtungen von Tauchern in den Küstengewässern der Insel Elba zeigten, dass sich mittlerweile eine heimische Fischart, nämlich die Goldbrasse, die Algen munden lässt.

Ob die Bedrohung von Flora und Fauna durch Caulerpa taxifolia im Mittelmeer aber in naher Zukunft tatsächlich der Vergangenheit angehören wird, bleibt abzuwarten.

Im Würgegriff
der Riesenschlangen

Diese Nachricht schockierte im Juli 2009 ganz Amerika: In der Gemeinde Oxford im US-Bundesstaat Florida war ein drei Meter langer Tigerpython unbemerkt in das Bett eines zweijährigen Mädchens gekrochen und hatte das Kind so lange gewürgt, bis der Tod eintrat.

Die Tragödie fand natürlich in den Medien große Beachtung. So mancher Zeitungsleser stellte sich die Frage: Was zum Teufel macht ein Tigerpython (*Python molurus*), der eigentlich in Südostasien zu Hause ist, im bei Touristen so beliebten Sonnenscheinstaat Florida? Die Antwort auf diese Frage ist genauso einfach wie verblüffend.

> Der Tigerpython würgte ein zweijähriges Mädchen so lange, bis es erstickte.

Tigerpythons sind bereits seit Ende der 1970er Jahre in den Everglades, den ausgedehnten Sumpfgebieten Floridas, zu Hause. Die Reptilien wurden von Schlangenfans als Haustiere importiert und dann, als sie nicht mehr ins heimische Terrarium passten (sie werden über drei Meter lang), illegal ausgewildert.

Die ausgesetzten Schlangen, bei denen es sich übrigens um ausgezeichnete Schwimmer handelt, fühlten sich in den Sümpfen und angrenzenden Gebieten Floridas offensichtlich pudelwohl. Hunger leiden müssen die großen Würgeschlangen dort nicht: Auf ihrem Speiseplan in der neuen Heimat stehen bevorzugt Eichhörnchen, Kaninchen und Füchse, aber – zum Leidwesen der Besitzer – auch Hunde und Katzen.

Sogar Alligatoren gehören zum Beutespektrum der Riesenschlangen. In diesem Zusammenhang war bereits im Jahr 2005 ein floridianischer Tigerpython in den Fokus der Medien geraten: Die fast vier Meter lange Schlange hatte einen Alligator erbeutet und war bei ihrem Versuch, das zwei Meter große Reptil nach Riesenschlangenmanier in einem Stück herunterzuwürgen, verendet.

Tigerpython rank und schlank

Normalerweise ist eine scheinbar unverhältnismäßig große Beute für einen Python kein Problem: Die Schlangen haben nämlich die Fähigkeit, ihre Kiefer auszuhängen. Das erleichtert das Schlucken großer Brocken ganz enorm.

> Auch in Pythonkreisen gilt: Alles in Maßen genießen, sonst kann es ungesund werden.

Aber was zu viel ist, ist zu viel, denn auch in Pythonkreisen gilt: Alles in Maßen genießen, sonst kann es ungesund werden. Der Python hatte die Belastbarkeit seines Körpers einfach überschätzt und war schlicht geplatzt. Als ein Wissenschaftler das aufgerissene Reptil entdeckte, steckten Kopf, Schultern und Vorderbeine der Beute noch in dessen Körper.

Bei solch guten Lebensbedingungen und dem Fehlen von Fressfeinden war es nicht weiter verwunderlich, dass sich die Schlangen in den Everglades explosionsartig vermehrten, sodass die Tigerpythonpopulation in den Sümpfen Floridas im Jahr 2007 bereits auf 30 000 Tiere geschätzt wurde. Manche Experten sprechen sogar von 150 000 exotischen Riesenschlangen, die in den Sümpfen ihr Unwesen treiben.

Das getötete Mädchen ist übrigens weder das einzige noch das erste Opfer von Tigerpythons in Florida. Nach Angaben der Tierschutzorganisation „Humane Society" wurden dort in den vergangenen Jahren sieben Menschen von Tigerpythons getötet und weitere zehn verletzt.

Der „kleine" Axishirsch wird den Tigerpython wohl nicht zum Bersten bringen.

Die unbeliebten Reptilien werden aber nicht nur als Gefahr für die Bevölkerung, sondern auch für die heimische Tierwelt angesehen. Man fürchtet, die Schlangen könnten sich bei weiterer Vermehrung zu einer ernst zu nehmenden Bedrohung für einige geschützte Arten entwickeln. So ist es kein Wunder, dass erste Politiker – gegen den heftigen Widerstand von Schlangenzüchtern, Zoohändlern und Reptilienfans – einen Importstopp für Pythons fordern.

Doch selbst ein sofort verhängtes Einreiseverbot könnte die Schlangenproblematik in Florida nicht beenden, denn die gewaltige Zahl der bereits in Freiheit lebenden Riesenschlangen wird durch eine solche Maßnahme natürlich nicht reduziert. Die zuständige Naturschutzbehörde plant deshalb Zeitungsberichten zufolge, zunächst ein Kopfgeld auf die ungeladenen Gäste auszusetzen.

> Die Naturschutzbehörde plant, ein Kopfgeld auf die Würgeschlangen auszusetzen.

Experten befürchten, dass es nur eine Frage der Zeit ist, bevor sich die Riesenschlangen über den gesamten Süden des Landes ausbreiten. Nach ihrer Einschätzung eignet sich immerhin ein Drittel der Vereinigten Staaten als Lebensraum für die monströsen Kriecher.

Wie riesig werden Riesenschlangen?

Genau wie in den Berichten früher Entdecker tauchen im Internet immer wieder Horrorgeschichten von mordgierigen Riesenschlangen auf, deren Länge 15 oder gar 20 Meter und mehr betragen soll. Dass Pythons oder Anakondas dieser Größe tatsächlich existieren, ist eher zweifelhaft.

Die längste jemals offiziell vermessene Riesenschlange war ein 1912 auf Celebes (Sulawesi) erlegter Netzpython, dessen Länge exakt zehn Meter betrug. Um diesen Rekord möglicherweise zu toppen, hat die „New York Zoological Society" bereits vor über 50 Jahren eine Prämie von 50 000 US-Dollar für denjenigen ausgelobt, der ihren Mitgliedern eine lebende Riesenschlange von mehr als 30 Fuß (9,14 Meter) Länge präsentiert. Eine stolze Summe, die aber heute noch darauf wartet, abgeholt zu werden.

Superbiene oder Killerbiene?

Schon seit der Antike gehört Bienenhonig zu den beliebtesten Nahrungsmitteln überhaupt. Auf dem amerikanischen Kontinent existierten jedoch bis zu dessen „Entdeckung" durch Christoph Columbus überhaupt keine fleißigen Bienchen, die bekanntermaßen zur Produktion des flüssigen Goldes unabdingbar sind. Und so war es nicht weiter verwunderlich, dass unter den ersten Haustieren, das die europäischen Siedler mit nach Mittel- und Südamerika brachten, Honigbienen waren. Allerdings kamen die importierten Honigbienen – meist deutsche und italienische Rassen – nicht sonderlich gut mit den Bedingungen in ihrer neuen Heimat zurecht. Die kleinen Honigsammlerinnen konnten sich einfach nicht an das tropisch heiße Klima gewöhnen.

Wer sich auf die aggressiven Bienen einlässt, wird mit reicher Honigernte belohnt.

Zur Lösung des Problems entschloss man sich daher Mitte der 1950er Jahre, eine Art südamerikanische Superbiene zu züchten. Durch Kreuzung der europäischen Honigbiene (*Apis mellifera mellifera*) mit der an heiße Temperaturen gewöhnten afrikanischen Honigbiene (*Apis mellifera scutellata*) sollte eine neue Rasse entstehen, die besser an das Klima angepasst ist und gleichzeitig mehr Honig produziert.

Man wollte eine Art südamerikanische Superbiene züchten: hitzeresistent und besonders produktiv.

Im Auftrag des brasilianischen Agrarministeriums reiste deshalb 1956 der Bienenzüchter und Gentechniker Warwick Estavam Kerr nach Afrika und verfrachtete insgesamt 47 afrikanische Bienenköniginnen aus Südafrika und Tansania in sein Labor in Rio Claro, um dort durch Kreuzung mit Bienen europäischer Herkunft eine leistungsfähigere Art zu erschaffen.

Kaum an der frischen Luft, schwärmten die Flüchtlinge in alle Richtungen aus und eroberten den Kontinent.

Doch bereits ein Jahr später geriet das Experiment außer Kontrolle. Ein Angestellter hatte es versäumt, ein Gitter zu schließen: Es entkamen 26 afrikanische Königinnen samt Hofstaat aus dem Labor in die freie Natur.

Kaum an der frischen Luft, schwärmten die Flüchtlinge in alle Richtungen aus, vermehrten sich explosionsartig und begannen im Eiltempo – das heißt mit einer Ausbreitungsgeschwindigkeit von mehreren Hundert Kilometern im Jahr – nahezu den gesamten südamerikanischen Kontinent zu erobern.

Bei ihrer Ausbreitung beschränkten sich die Insekten jedoch keineswegs auf Südamerika: Bereits 1982 überquerten sie den Panamakanal. Auch Mexiko wurde innerhalb kürzester Zeit besiedelt. Anfang der 1990er Jahre erreichten die Bienen dann die USA, wo sie mittlerweile fast in den gesamten Südstaaten anzutreffen sind. Heute schätzt man die amerikanische Gesamtpopulation auf eine Milliarde Völker.

Auf ihrem Vormarsch kreuzten sich die afrikanischen Bienen immer wieder mit den bereits vorhanden, von Imkern gehaltenen europäischen Bienen. Aus diesen Begegnungen entstanden Hybridbienen, die später als „Afrikanisierte Honigbienen" in die Geschichte der Insektenkunde eingingen.

Interessanterweise zeigten genetische Untersuchungen, dass sich bei den Afrikanisierten Bienen fast ausschließlich das afrikanische Erbe durchsetzte, während das europäisches Erbgut auf der Strecke blieb. Die neuen Bienen Amerikas waren also genetisch praktisch identisch mit der afrikanischen Wildbiene.

Aber die neu erschaffene Rasse zeigte einige unerwünschte Nebenwirkungen: Die Bienen waren zwar vitaler, aber auch wesentlich aggressiver als europäische Exemplare. Auf die kleinste Bedrohung ihrer Kolonie – das kann eine laute Stimme, eine hastige Bewegung oder einfach nur ein als störend empfundenes Rasierwasser sein – reagieren die Tiere äußerst sensibel und attackieren den Störenfried sofort. Allerdings greifen nicht (wie bei anderen Bienenrassen) nur wenige Tiere an, sondern es beteiligen sich, angestachelt durch die Abgabe von Alarmhormonen, fast alle Bienen des Volkes an der Attacke. Im Regelfall stürzen sich dann mehrere Tausend Individuen wie kleine Kampfbomber auf ihr Opfer und greifen es mit wütenden Stichen an.

> **Tausende von Killerbienen stürzen sich wie Kampfbomber auf ihr Opfer und greifen es mit wütenden Stichen an.**

Bei einer solchen Vielzahl von angreifenden Bienen kann sehr leicht die kritische Schwelle von rund 500 Stichen erreicht werden, die bei einem Kind bereits zum Tode führen können. Bei einem Erwachsenen – allerdings einem Nichtallergiker – wird es „erst" bei etwa 1000 Stichen lebensbedrohlich.

Als 1986 in Costa Rica ein Student bei einem Ausflug in die Berge während eines mehrere Stunden andauernden Angriffs von Afrikanisierten Bienen zu Tode gestochen wurde, zählte man später über 8000 Bienenstachel, die in seiner Leiche steckten. Eine Flucht hilft wenig: Afrikanisierte amerikanische Honigbienen verfolgen ihr Opfer meist hartnäckig über mehrere Kilometer.

Und so kam es, wie es kommen musste: Wurden früher in Brasilien im Schnitt jährlich 25 Menschen durch Bienenstiche getötet, stieg diese Zahl nach dem „Entstehen" der Afrikanisierten Biene auf 195. Angeblich wurden 1965 in Brasilien allein in der Region Sao Paulo über 150 Menschen von Afrikanisierten Bienen getötet.

Auch heute noch kommt es sogar in Großstädten immer wieder zu Zwischenfällen: So fiel 1994 ein Schwarm von etwa 50 000 Bienen mit fatalen Folgen über eine belebte U-Bahn-Station in Rio de Janeiro her: Eine Frau starb, rund 100 Menschen mussten ihre Stiche im Krankenhaus behandeln lassen. Die Bienen waren in Panik geraten, weil ein Bauarbeiter unmittelbar neben ihrem Nest seinen Traktor gestartet hatte.

Kein Wunder, dass in Brasilien bald der Name „abelhas assassinas" („Mörderbienen") die Runde machte. Es war jedoch dem berühmten amerikanischen „Time Magazine" vorbehalten, den Bienen einen Namen zu verleihen, der weltweit auch noch heute wie Honig an ihnen klebt: „Killerbees" („Killerbienen").

Die Aggressivität der Afrikanisierten Bienen stellte die südamerikanischen Imker zunächst vor nahezu unlösbare Probleme. Allein in Venezuela hängten Ende der 1970er Jahre 90 Prozent von ihnen völlig entnervt ihren Beruf an den Nagel. Die landesweite Honigernte sank dadurch zwangsläufig von 1300 auf 80 Tonnen. Aber mit der Zeit lernten die Imker Südamerikas, sich durch diverse Maßnahmen, wie zum Beispiel dem Tragen von mehrschichtiger Schutzkleidung, auf die gefährlichen Insekten einzustellen.

Selbst wenn Südamerikas Honigproduzenten ihre „Afrikanerinnen" nicht gerade lieben, so haben sie diese dennoch mittlerweile zu schätzen gelernt. Denn wirtschaftlich gesehen entpuppte sich die „Killerbiene" als wahrer Volltreffer: Afrikanisierte Bienen sind nämlich enorm fleißig. Selbst bei Kälte und Nebel sammeln die emsigen Insekten bis tief in die Nacht hinein Nektar und Pollen.

> **Selbst bei Kälte und Nebel sammeln die Superbienen bis tief in die Nacht hinein Nektar und Pollen.**

So fiel dann auch ein in Brasilien durchgeführter Leistungsvergleich zwischen europäischer und Afrikanisierter Biene eindeutig zu Gunsten der Afrikanerin aus: Sie produzierte über einen Zeitraum von drei Monaten mehr als dreimal so viel Honig wie ihre europäische Konkurrentin. Außerdem ist die Afrikanisierte Biene resistent gegen die parasitische Varroa-Milbe und erkrankt auch nicht an der gefürchteten, bakteriell bedingten Faulbrut.

Als die Menschen sich auf die aggressiven Bienen eingestellt hatten, blühte fast überall in Südamerika das Imkerhandwerk erneut auf. Mehr noch: Sogar im Nordwesten Brasiliens, wo die europäische Biene nicht existenzfähig war, entstanden dank der Afrikanisierten Biene allmählich blühende Honiglandschaften. Kein Wunder also, dass Brasilien im Ranking der weltgrößten Honigproduzenten von Platz 27 im Jahr 1956 auf Platz 5 im Jahr 1990 kletterte.

Übrigens: In Europa dürften Afrikanisierte Honigbienen wohl kaum eine Chance haben, sich auszubreiten: Bei uns sind die Winter für diese Rasse zu kalt.

Der Fleiß der Bienen

Der Fleiß von Bienen ist sprichwörtlich: Um den Nektar für nur ein einziges Kilogramm Honig zu sammeln, müssen die kleinen Insekten bis zu fünf Millionen Blüten besuchen. Wissenschaftler haben errechnet, dass die emsigen Immen, wie die Nektarsammlerinnen früher genannt wurden, dabei eine Strecke zurücklegen müssen, die etwa einer dreifachen Erdumrundung entspricht!

Die unbesiegte Feuerameise

Rote Feuerameisen haben eine überaus bizarre Leidenschaft: Sie lieben elektrischen Strom. Um ihrer Passion nachzugehen, dringen die Ameisen deshalb ständig in elektrische Geräte aller Art ein.

Warum die kleinen Insekten regelrechte „Stromfetischisten" sind, kann die Wissenschaft bis heute nicht mit letzter Sicherheit erklären. Entomologen vermuten jedoch, dass Elektrogeräte elektrische Felder mit ähnlichem Muster erzeugen wie die Beutetiere der Ameisen – bekanntermaßen geben Muskelzellen elektrische Impulse ab und erzeugen somit auch elektrische Felder.

> Feuerameisen sind „Stromfetischisten" – warum, das kann die Wissenschaft bis heute nicht genau erklären.

Einmal in ein Elektrogerät eingedrungen, erweisen sich die stromverliebten Ameisen als äußerst effiziente Saboteure, denn sie schleppen nicht nur Erde in die Geräte, sondern zerbeißen auch allzu gern die Isolierungen der Elektrokabel. Dadurch verursachen sie ständig Kurzschlüsse oder Brände.

Betroffen sind vor allem Computer, Klimaanlagen oder Küchengeräte. Manchmal werden jedoch auch Ampelanlagen, Ölpumpen oder sogar die Landebeleuchtungen von Flughäfen durch die winzigen Insekten lahmgelegt. So verursachen die sechsbeinigen Stromliebhaber jährlich Schäden in Millionenhöhe.

Aber nicht nur wegen ihrer verrückten Elektroliebe sind Rote Feuerameisen (*Solenopsis invicta*) bei uns Menschen nicht gern gesehen. Ein Blick auf die Statistik zeigt, dass Feuerameisen zu den gefährlichsten Insekten der Vereinigten Staaten gehören. So werden laut Bericht des US-Gesundheitsministeriums in den USA jährlich rund 14 Millionen Menschen von Feuerameisen gestochen, von denen wiederum 80 000 einen Arzt aufsuchen müssen. Über 100 Menschen sterben an den Folgen der Stiche.

En garde! Eine Feuerameise in Verteidigungsstellung.

Gefürchtet ist vor allem die Aggressivität der Winzlinge: Fühlt sich eine Feuerameise bedroht, attackiert sie ihren Angreifer ohne auch nur eine Sekunde zu zögern. Dabei beißt das wütende Insekt zunächst mit seinen scharfen Kiefern ein Loch in die Haut ihres Opfers, um dann sofort mit seinem Hinterleibsstachel Gift in die Wunde zu injizieren. Schon der Stich selbst ist äußerst schmerzhaft. In dem betroffenen Hautbereich sind anfangs nur kleine rote Punkte zu erkennen, die sich dann allerdings zu steck-

> **Die aggressiven Winzlinge gehören zu den gefährlichsten Insekten der USA.**

nadelkopfgroßen weißen Eiterpusteln aufblähen, die von einem feuerroten Hof umgeben sind. Dieses charakteristische Wundmuster war es auch, das den rabiaten Insekten ihren Namen eingetragen hat.

Gefährdet durch Feuerameisen sind in erster Linie Allergiker, da die Eiweißbestandteile des injizierten Giftcocktails – genau wie bei einem Wespenstich – beim Opfer einen anaphylaktischen Schock hervorrufen können, der unter Umständen sogar zum Tode führt.

Legt man sich gleich mit einer ganzen Kolonie Feuerameisen an, wird es auch für Nichtallergiker äußerst gefährlich. Dann stürzen sich, von Alarmpheromonen herbeigerufen, oft mehrere Hundert oder sogar Tausende wütende Feuerameisen in einem gut koordinierten Angriff auf die vermeintliche Bedrohung und fügen ihrem Opfer schwere und äußerst schmerzhafte „Verbrennungen" zu. Die Attacke kann in Einzelfällen zu starker Übelkeit, Atemnot und Ohnmachtsanfällen führen und möglicherweise tödlich enden.

> **Ein Angriff kann zu Übelkeit, Atemnot und Ohnmacht führen oder sogar tödlich enden.**

In den letzten Jahren haben immer wieder Meldungen in den amerikanischen Medien für Aufsehen gesorgt, wonach Pflegeheime für ältere Menschen zum Angriffsziel von Feuerameisen wurden. Bei sechs Feuerameisenattacken wurden insgesamt vier Patienten getötet, die unglücklicherweise wegen geistiger oder körperlicher Gebrechen weder in der Lage waren zu fliehen noch um Hilfe zu rufen. Es existieren auch Berichte, wonach Menschen, die zu tief ins Glas geschaut hatten und ihren Rausch ausgerechnet auf einem Feuerameisennest ausschlafen wollten, von den Insekten mit Tausenden von Stichen regelrecht hingerichtet wurden.

In den USA sind die gefährlichen Ameisen erst seit rund 70 Jahren zu Gast: Die eigentliche Heimat der Roten Feuerameise ist Brasilien. Wahrscheinlich sind die ersten Tiere Ende der 1930er Jahre als blinde Passagiere mit einem Frachtschiff aus dem brasilianischen Pantanal-Gebiet in die Hafenstadt Mobile im Bundesstaat Alabama eingeschleppt worden. Und kaum hatten die unge-

> **Kaum hatten die Ameisen den Boden ihrer neuen Heimat betreten, begannen sie sich hemmungslos auszubreiten.**

betenen Gäste den Boden ihrer neuen Heimat betreten, begannen sie sich hemmungslos auszubreiten. Andere Ameisenarten wurden durch die extrem aggressive Art verdrängt. Innerhalb weniger Jahre hatten die kleinen kupferfarbenen Einwanderer aus Brasilien die Südstaaten der USA erobert.

Eine wichtige Ausbreitungsstrategie der Roten Feuerameise stellt ihr Hochzeitsflug dar, an dem im Frühjahr Hunderte von geflügelten Männchen und Weibchen teilnehmen. Nach der Befruchtung, die übrigens im Flug stattfindet, besiedeln die Weibchen weit entfernt vom ursprünglichen Nest kleine Erdspalten und gründen als neue Königinnen einen eigenen Ameisenstaat. Dank dieses Schwarmverhaltens sind die Feuerameisen in der Lage, ihre Invasionsfront jedes Jahr ein paar Kilometer vorwärtszuschieben.

Wo Wüsten einer weiteren Ausbreitung im Weg standen, bedienten sich die Ameisen oft der Unterstützung des Menschen. Unter anderem mit dem Transport infizierter Topfpflanzen half er, dieses auch für Ameisen äußerst unwirtliche Hindernis zu überqueren. Sogar Überschwemmungen – für alle anderen Ameisenarten eine fatale Katastrophe – können die Roten Feuerameisen für ihre Verbreitung nutzen: Als Anpassung an die häufigen Überschwemmungen im Regenwald ihrer brasilianischen Heimat haben die Tiere nämlich gelernt, sich bei steigendem Wasser zu einer Art lebendem Floß zusammenzuklammern und auf diese Weise so lange auf der Wasseroberfläche zu treiben, bis sich die Fluten wieder zurückziehen. In ihrer neuen Heimat können die Tiere mit dieser Technik nicht nur Hochwasser überleben, sondern per Wildwasserrafting auch zu neuen Ufern aufbrechen und von ihnen bislang unbehelligte Lebensräume erobern.

> Per Wildwasserrafting brechen die Ameisen zu neuen Ufern auf und erobern völlig neue Lebensräume.

Übrigens hat nicht nur der Mensch unter der Invasion der Feuerameisen zu leiden. Auch Landwirtschaft und Natur werden von ihnen schwer in Mitleidenschaft gezogen. Feuerameisen unterminieren mit ihren Nestern Straßen und Gebäude. In der Landwirtschaft werden Zitrusplantagen, Getreidefelder und Kartoffeläcker verwüstet. Dort nagen die Insekten nämlich in Bodenhöhe

die Rinde von den Bäumen oder fressen Früchte und Getreidesamen. Zudem bauen sie Ameisenburgen mit einer harten Lehmkruste, oft ein unüberwindliches Hindernis für Landmaschinen.

Darüber hinaus gehen zahlreiche Rinder, die auf den Weiden gestochen werden, am Gift der Feuerameisen zu Grunde. In Schätzungen kommt man zu dem Schluss, dass sich die jährlich durch Feuerameisen verursachten Gesamtkosten an Gebäuden, Straßen, Natur, Landwirtschaft und im Gesundheitswesen auf mehrere Milliarden US-Dollar belaufen.

So verwundert es nicht allzu sehr, dass man jahrzehntelang alles versucht hat, um die gerade mal zwischen zwei und sechs Millimeter großen Ameisen wirkungsvoll zu bekämpfen. In den 1950er und 1960er Jahren rückte man den kleinen Biestern mit den mit DDT verwandten Insektiziden Mirex und Heptachlor

> **Die Ameisen wurden mit Insektiziden aus B-26-Bombern angegriffen.**

auf den Leib. Beide werden heute aufgrund ihrer zahlreichen negativen Eigenschaften vom Umweltprogramm der Vereinten Nationen (UNEP) dem sogenannten Dreckigen Dutzend der Insektizide zugerechnet. Höhepunkt der Bekämpfung war eine Mirex-Bombardierung mit B-26-Bombern, die mit Hilfe einer elektronischen Zielmarkierung durchgeführt wurde.

Das Pestizid-Bombardement brachte allerdings nur anfängliche Erfolge. Auf lange Sicht machte es alles noch schlimmer. In den bekämpften Gebieten wurden die Feuerameisen zwar zunächst vernichtet, aber bereits nach Jahresfrist lebten dort mehr Feuerameisen als je zuvor. Amerikanische Wissenschaftler kamen diesem Phänomen rasch auf die Spur: Die Bombardierung hatte zusammen mit den Feuerameisen auch alle einheimischen Ameisenarten vernichtet und dadurch freie Lebensräume geschaffen, die von den Feuerameisen aus der Umgebung leicht erobert werden konnten. Zusätzlich führte der Einsatz der chemischen Megakeule zu dramatischen Verlusten bei Kleinsäugern, Vögeln, Fischen und anderen Insekten. Als dann nicht nur in den toten Tieren, sondern auch in der Milch und im Fleisch Rückstände des Insektizids nachgewiesen wurden, wurde der Einsatz 1978 von der US-Umweltbehörde verboten.

> **Als der Krieg gegen die Ameisen verloren schien, sprachen Wissenschaftler von einem „Vietnam der Entomologie".**

Insgesamt über 4000 weitere Insektizide hat man gegen Feuerameisen eingesetzt – mit keinem konnte ein durchschlagender Erfolg erzielt werden. Amerikanische Wissenschaftler sprachen bereits von einem „Vietnam der Entomologie", als der Krieg gegen die Ameisen verloren schien. Und so entschloss man sich, den Schädlingen mit biologischen Mitteln auf den Leib zu rücken: Man begann nach natürlichen Feinden des gefürchteten Insekts Ausschau zu halten.

Tatsächlich fanden amerikanische Entomologen heraus, dass einige räuberisch lebende Buckelfliegen bei der Bekämpfung der aggressiven Roten Feuerameisen helfen könnten. Also züchtete man in Texas und Florida mehrere Buckelfliegenarten und setzte die „Feuerameisenkiller" zu Zehntausenden in Gebieten mit besonders starkem Ameisenbefall frei. Die Erfolge waren beachtlich – eine völlige Vernichtung liegt jedoch nicht im Bereich des Möglichen. Man wird die Rote Feuerameise also wahrscheinlich in den USA nie mehr loswerden, denn bei ihr ist der wissenschaftliche Name Programm: *Solenopsis invicta* bedeutet übersetzt „unbesiegte Feuerameise".

> **Ihr Name ist Programm: *Solenopsis invicta* bedeutet „unbesiegte Feuerameise".**

Mittlerweile haben sich die „Unbesiegten" daran gemacht, Australien und China zu erobern. Australien wurde vermutlich mit Hilfe eines zwischen dort und den USA verkehrenden Frachtschiffs von den Feuerameisen besiedelt. Seit die Insekten im Jahr 2001 in Brisbane entdeckt wurden, haben Wissenschaftler sie bereits an über 1000 verschiedenen Stellen registriert. Die australischen Behörden, vorgewarnt durch den Siegeszug der Feuerameisen in den USA, schätzten das Gefährdungspotenzial richtig ein und reagierten rasch: Binnen sechs Monaten etablierten sie ein „Fire Ant Control Centre", das mit einem Budget von rund 68 Millionen Euro den eingewanderten Plagegeistern den Garaus machen soll. Das Mittel der Wahl in Australien sind wachstumshemmende Chemikalien, mit denen bereits erste Erfolge erzielt wurden: 90 Prozent aller bekannten Feuerameisenkolonien konnten vernichtet werden. Es ist jedoch

fraglich, ob es mit dieser Methode gelingen wird, die Ameisenart auf dem fünften Kontinent wieder komplett auszurotten.

Ganz anders stellt sich die Situation in China dar: Hier kamen die Feuerameisen um die Jahrtausendwende, wahrscheinlich als blinde Passagiere mit Müllschiffen, über den Ozean und machten sich zunächst in der Stadt Wuchuan breit. Wuchuan ist dafür bekannt, dass viele seiner Bewohner von der Verwertung von Restmüll leben, der deshalb aus der ganzen Welt – teils legal, teils illegal – dorthin geliefert wird. 2005 waren die Ameisen bereits in die Millionenmetropole Hongkong vorgedrungen und verursachten dort große Schäden. Tausende von zum Teil mehrfach gebissenen Einwohnern mussten Krankenhäuser aufsuchen. Pflanzenzüchter beklagten schwere Verluste durch die Feuerameisen. Die Bürger machten ihrem Ärger mit Protestaktionen gegenüber der Regierung Luft, die ihrer Meinung nach der Invasion zu lange untätig zusah.

Und was ist mit Europa? Die Wissenschaftler schlagen Alarm: Die winzigen Killerameisen sind möglicherweise schon auf dem Sprung zu uns. Dabei helfen könnte ihnen die globale Klimaerwärmung. Sie erlaubt den gefährlichen Ameisen vielleicht schon bald eine Ausbreitung in die Gebiete, deren Temperaturen (besonders im Winter) vor wenigen Jahren noch deutlich zu kühl gewesen wären.

> **Die winzigen Killerameisen sind möglicherweise schon auf dem Sprung zu uns.**

Megastaaten

In den 1970er Jahren wurden in Austin (Texas) sogenannte Megastaaten entdeckt, in denen sich die Einzelstaaten der Feuerameisen zu riesigen Superkolonien zusammengeschlossen hatten. Anstelle einer einzigen Königin herrschten im größten dokumentierten Megastaat 3000 Königinnen, verteilt auf über 30 Bruthügel. Die einzelnen Bauten kommunizieren dabei ständig über eine ganze Palette von Pheromonen – also Geruchstoffen – miteinander und sind dadurch in der Lage, als einheitliches Staatengebilde zu agieren.

Einer der erfolg-
reichsten blinden
Passagiere: die
Zebramuschel

Die Fünf-Milliarden-Dollar-Muschel

Gerade mal daumennagelgroß ist dieses Schalentier, und doch hat es in den USA innerhalb kürzester Zeit Schäden von mehr als fünf Milliarden Dollar verursacht.

Die Rede ist von der Zebra- oder Dreiecksmuschel (*Dreissena polymorpha*). Das erste Mal tauchte sie in Nordamerika 1988 im Lake St. Clair auf, einem etwa 1100 Quadratkilometer großen See an der amerikanisch-kanadischen Grenze. Eigentlich ist die Zebramuschel in Russland zu Hause, und zwar in den Gewässern, die ins Kaspische und ins Schwarze Meer fließen. Vermutlich gelangte sie mit dem Ballastwasser von Schiffen (mehr dazu auf Seite 10) in den Lake St. Clair, der Huronsee und Eriesee miteinander verbindet. Das Vorkommen blieb jedoch keineswegs auf Ersteren beschränkt.

Die Muscheln mit den Zebrastreifen auf der dreikantigen Schale machten sich sofort daran, via Ballastwasser oder an Schiffsrümpfe geheftet neue Lebensräume zu erobern. Heute haben sich die Zebramuscheln über das gesamte System der Großen Seen ausgebreitet. Über Missouri und Mississippi sind sie sogar bis an die Südküste der Vereinigten Staaten vorgedrungen.

Wo sie sich einmal angesiedelt hat, breitet sich die Muschel dank einer hohen Reproduktionsrate (ein Weibchen kann pro Jahr bis zu eine Million Eier ins Wasser entlassen) nahezu pestartig aus. Explosionsartig entstehen auf dem Boden der Seen mächtige Muschelkolonien mit über 100 000 Tieren pro Quadratmeter, die sich zu bis zu einem Meter hohen Schichten auftürmen. Im Eriesee finden sich die Muscheln sogar in einer Dichte von bis zu 900 000 Individuen pro Quadratmeter!

> Wo sie sich einmal angesiedelt hat, breitet sich die Muschel nahezu pestartig aus.

Unglücklicherweise ist die Zebramuschel eine sehr konkurrenzstarke Art, die vor allem andere Muschelarten massiv schädigt. Oft setzen sich so viele

Zebramuscheln mit Hilfe ihrer Haftfäden auf Großmuscheln fest, dass diese gar nicht mehr in der Lage sind, ihre Schale zu öffnen, und jämmerlich ersticken beziehungsweise verhungern müssen. Es wurden Großmuscheln gefunden, an die sich über 10 000 Zebramuscheln geheftet hatten.

Den größten Schaden richten Zebramuscheln jedoch durch ihre Art der Ernährung an: Die kleinen Weichtiere gehören nämlich zu den sogenannten Filtrierern. Das heißt, sie ernähren sich durch Filtration ihres Atemwassers: Wimpern an den Kiemen erzeugen einen gerichteten Wasserstrom, der durch die eine Atemöffnung eintritt und durch die andere wieder austritt. Dabei wird das im Atemwasser enthaltene Plankton an den Kiemen aufgefangen und zur Mundöffnung transportiert.

Eine Zebramuschel filtriert rund einen Liter Wasser pro Tag – was bei einem Besatz von Milliarden von Muscheln in einem Gewässer bedeutet, dass dieses in wenigen Tagen komplett durchgefiltert wird – mit der Folge, dass das ehemals trübe Wasser deutlich aufklart. Was auf den ersten Blick eine erfreuliche Entwicklung zu sein scheint, kommt in Wirklichkeit einer ökologischen Katastrophe nahe, denn das von der gewaltigen Zebramuschelmasse aus dem Wasser gefilterte Plankton fehlt jetzt natürlich anderen Muschelarten, Kleinkrebsen und anderen Kleinlebewesen als Nahrung, sodass es zu einem starken Rückgang oder sogar zum Aussterben dieser Arten kommen kann. Die jetzt fehlenden Kleintierarten bilden jedoch ihrerseits wieder die Nahrungsgrundlage für zahlreiche Fischarten. Letztendlich wird also das gesamte Ökosystem des Gewässers massiv geschädigt.

Daneben richten Zebramuscheln auch schwere wirtschaftliche Schäden an, indem sie Wasserzu- und -abflüsse von Industrieanlagen, Kraftwerken und Trinkwasseraufbereitungsanlagen verstopfen. Um die Rohrleitungen wieder frei zu bekommen, müssen in den betroffenen Gebieten jährlich viele Millionen US-Dollar für Reinigungsarbeiten und vorbeugende Maßnahmen ausgegeben werden.

> Das gefilterte, klare Wasser ist in Wirklichkeit eine ökologische Katastrophe.

So hat zum Beispiel die Stadt Cleveland zum Schutz vor der Zebramuschel für eine Million Dollar Wasserfilter installieren lassen; die Stadt New York, in der man bald mit

der Ankunft der invasiven Art über den Hudson River rechnet, hat sich vorbeugende Maßnahmen bereits über acht Millionen Dollar kosten lassen.

Immer wieder besiedeln die Muscheln auch massiv die Unterwasserflächen von Schiffen und erhöhen so den Strömungswiderstand und damit den Kraftstoffverbrauch. Außerdem wird der Rostschutz zum Teil stark angegriffen. Die regelmäßige Muschelbeseitigung und der Neuanstrich der Außenwände verursachen hohe Kosten für die Schifffahrt.

Nach Berechnungen des „Center for Invasive Species Research" der University of California belaufen sich die Gesamtkosten der durch die Muscheln verursachten Schäden auf 500 Millionen Dollar – jährlich, versteht sich.

Allerdings haben Zebramuscheln durchaus auch einen positiven Effekt auf einige Tier- und Pflanzenarten. Die eingewanderten Weichtiere dienen nämlich mittlerweile vielen heimischen Fisch- und Vogelarten als willkommene Nahrungsergänzung. Einige Zugvögel haben sogar ihre Flugrouten geändert und machen jetzt während ihrer Reise Abstecher zu diversen Zebramuschelkolonien, um sich dort so richtig die gefiederten Bäuche vollzuschlagen. Allerdings verputzen die heimischen Fressfeinde bei Weitem nicht genug Zebramuscheln, um deren weitere Ausbreitung zu verhindern.

> Einige Zugvögel haben ihre Flugrouten geändert und machen während der Reise Abstecher zu Zebramuschelkolonien.

Obwohl sich zahlreiche Wissenschaftler mit der Zebramuschelproblematik beschäftigen, hat man bis heute noch keine wirksame Methode zur Bekämpfung der Invasoren entdeckt. Herkömmliche Mittel, wie etwa Chlor oder andere Chemikalien, kommen in diesem Fall nicht in Frage: Da die Muscheln derartigen Substanzen gegenüber sehr tolerant sind, müssten sie in solch riesigen Mengen in die Gewässer eingebracht werden, dass das gesamte Ökosystem vergiftet würde. Daher suchen amerikanische Forscher und Behörden fieberhaft nach einer Methode, die ausschließlich gegen die Eindringlinge wirkt.

Vor Kurzem hat ein amerikanischer Forscher möglicherweise einen winzigen, aber mächtigen Verbündeten im bisher so aussichtslos scheinenden Kampf gegen die Muschelplage entdeckt. Ein Stamm des Bakteriums *Pseudomonas fluorescens* produziert nämlich einen Giftstoff, der offenbar

Muschel bekehrt Vegetarier

Die Zebramuschel wurde vor 40 Jahren auch in den größten See Deutschlands, den Bodensee, eingeschleppt. Die Muschel vermehrte sich dort innerhalb weniger Jahre derart, dass bald der Seegrund bis in Wassertiefen von rund 15 Metern von dichten Kolonien bedeckt war. Durch die Masseninvasion wurden andere Muschelarten verdrängt. Und auch die Bodenseewasserversorgung wurde beeinträchtigt, da zeitweilig Tausende von Muscheln die Ausleitungs- und Wasseransaugrohre der Versorgungsanlage verstopften.

Doch des einen Leid ist des anderen Freud: Für zahlreiche Wasservögel stellte der Neuankömmling eine willkommene neue und dazu überaus üppige Nahrungsquelle dar. Vor allem am Bodensee überwinternde Vogelarten, wie Tafelenten, Reiherenten und Blässhühner, spezialisierten sich bald auf die Nutzung der gewaltigen Muschelkolonien. Wurden vor der Einschleppung der Zebramuschel am Bodensee

gerade mal 3000 Reiherenten als Wintergäste registriert, stieg diese Zahl bald auf über 60 000 Exemplare. Allein im Winter 1970/1971 wurden einer Studie zufolge etwa 3000 Tonnen Dreikantmuscheln von den ansässigen Wasservögeln konsumiert.

Die neue Nahrungsquelle veränderte aber auch die prinzipielle Ernährungsweise einiger Wasservögel. Biologen konnten beobachten, dass die eigentlich rein vegetarisch lebenden Kolbenenten zu Teilzeitfleischfressern mutierten und sich die kleinen Muscheln munden ließen.

Und so wurde am Bodensee das Problem der Zebramuschelüberpopulation von der Natur selbst gelöst. Heute ist die Zebramuschel im Bodensee nach Aussagen von Experten nur eine Art unter vielen. Auch die negativen Auswirkungen auf das Ökosystem und die Menschen am See halten sich durchaus in Grenzen.

ganz gezielt nur Zebramuscheln abtötet, andere Organismen aber nicht schädigt – im Prinzip also die ideale Biowaffe.

Der nächste Schritt ist jetzt, den Giftstoff zu isolieren und seinen Aufbau zu entschlüsseln. Aber auch wenn es gelingt, das Gift künstlich herzustellen, wird es wohl kaum möglich sein, die Zebramuschel in Nordamerika vollständig auszurotten. Dazu wären wahrhaft gigantische Mengen des Giftstoffs notwendig.

Während die Zebramuschel von Anfang an große Beachtung in den Medien fand, hat sich, zunächst von der Öffentlichkeit nahezu unbemerkt, noch eine weitere fremde Muschelart in Nordamerika breitgemacht: die Quaggamuschel (*Dreissena rostriformis bugensis*), eine nahe Verwandte der Zebramuschel. Sie wurde 1989 aus ihrer Heimat Ukraine ebenfalls mit Ballastwasser in das Gewässersystem der Großen Seen eingeschleppt und hat dort ähnliche Schäden angerichtet wie ihre etwas früher eingeführte Cousine.

> Von der Öffentlichkeit nahezu unbemerkt, hat sich noch eine weitere fremde Muschel breitgemacht.

Dort, wo sie gemeinsam mit Zebramuscheln vorkommen, scheinen die Quaggamuscheln diese rapide zu verdrängen, da sie in größere Wassertiefen vorstoßen können und auch kältere Wassertemperaturen vertragen. So betrug zum Beispiel noch im Jahr 2005 der Anteil der Zebramuschel im Lake Michigan unglaubliche 98,3 Prozent am Gesamtmuschelaufkommen des Sees. Bei einer Untersuchung nur fünf Jahre später waren bereits 97,7 Prozent aller gesammelten Muscheln Quaggamuscheln. Ähnliche Veränderungen werden zurzeit am Lake Huron und am Lake Ontario beobachtet.

Das Jamaika-Desaster

Ende des 18. Jahrhunderts hatte es Jamaika geschafft: Der damals unter britischer Herrschaft stehende karibische Inselstaat war zum größten Zuckerproduzenten der Welt aufgestiegen. Unglaubliche 100 000 Tonnen des begehrten Süßungsmittels wurden jährlich von der Insel exportiert. Verantwortlich für diese Entwicklung waren die vielen ertragreichen Zuckerrohrplantagen, die in den Jahren zuvor in großem Stil auf der Insel angelegt worden waren. Einigen Plantagenbesitzern hatten sie, auch dank der Frondienste Tausender von Sklaven, zu ungeheurem Reichtum verholfen.

Importgut mit schwerwiegenden Folgen: der Indische Mungo

Bereits einige Jahre zuvor hatten jedoch versehentlich
importierte Nagetiere damit begonnen, das karibische
Zuckeridyll massiv zu stören und die klingelnden Kassen
der Großgrundbesitzer ernsthaft zu bedrohen: Ratten, die
zuvor mit Schiffen auf der Karibikinsel eingeschleppt worden waren, vermehrten sich auf den über 800 futterreichen
Zuckerrohrplantagen von wenigen Ahnen zu einem Millio-
nenheer. Jährlich sorgte dieses für riesige Verluste im
Zuckerrohranbau. So sollen die eingeschleppten Ratten
allein 1789 für den Verlust eines Viertels der gesamten
jamaikanischen Zuckerrohrernte
verantwortlich gewesen sein.

   Die Zuckerrohrfarmer befürchteten, dass sich ihre schönen Gewinne
bald komplett in Luft auflösen würden. Daher beschlossen sie, den

> **Wenige Ratten vermehr-
> ten sich auf den Zucker-
> rohrplantagen zu einem
> Millionenheer.**

Schädlingen zunächst großflächig mit Rattengift auf den Pelz zu rücken. Diese Bekämpfungsmaßnahme hatte jedoch bei den schlauen, köderscheuen Ratten (mehr dazu auf Seite 32) nur wenig Erfolg. Also wollte man es mit einer biologischen Schädlingsbekämpfung versuchen: Nachdem Tests mit Frettchen, Raubameisen (!) und Agakröten gescheitert waren, fiel die Wahl auf den Indischen Mungo (*Herpestes edwardsii*). Das ist eine kleine Raubtierart aus der Familie der Mangusten, die aus Asien stammt und vor allem in Indien lebt. Dort hat sie Ratten, Schlangen und andere unerwünschte Kleintiere auf ihrem Speisezettel.

So reiste der jamaikanische Plantagenbesitzer W. Bankroft Espeut nach Indien und brachte aus Kalkutta vier männliche und fünf weibliche Mungos – einer davon trächtig – nach Jamaika mit. Die Tiere erreichten die Insel am 13. Februar 1872 und wurden wenige Tage später auf einer Plantage nördlich der Hauptstadt Kingston in die Freiheit entlassen. Und tatsächlich sah es mehrere Jahre so aus, als könnte die Mungostrategie Erfolg haben: Die Raubtiere, die in Jamaika keine natürlichen Feinde zu fürchten hatten, erfreuten sich wie geplant an der reich gedeckten Tafel. Sie vermehrten sich kräftig auf Kosten der schädlichen Nagetiere, was wiederum zur Folge hatte, dass die Zuckerrohrerträge ordentlich anstiegen.

> Zunächst sah es so aus, als könnte die Mungostrategie Erfolg haben.

Die Rattenplage wurde von den kleinen Raubtieren so erfolgreich eingedämmt, dass Espeut im „Journal of Zoology" der Londoner Zoologischen Gesellschaft den eigens durchgeführten Mungoimport über den grünen Klee lobte: „Ich bezweifle sehr, dass die Einführung und Akklimatisation irgendeiner anderen Tierart jemals einen derart enormen Nutzen gebracht hat, wie er mit den Mangusten in Jamaika erreicht wurde". Offensichtlich wurde dieses Statement nicht nur von Zoologen gelesen, denn bald darauf führten Zuckerrohrfarmer auf anderen Karibikinseln und auch auf den Hawaiianischen Inseln Indische Mungos ein.

Doch nur zehn Jahre nach dem Import der kleine Räuber bahnte sich auf Jamaika eine ökologische und ökonomischen Katastrophe an: Die Ratten waren zwar so gut wie ausgerottet, aber die Zahl der Mungos war drastisch gestiegen. Und da es kaum noch Ratten zu vertilgen gab, sahen

sich die ewig hungrigen Mungos nach anderen Beutetieren um. Sie wurden nicht nur beim Federvieh der jamaikanischen Bauern fündig, sondern machten sich
auch mit schrecklichem Erfolg über
die freilebende Tierwelt der Insel
her.

Mindestens fünf auf Jamaika
heimische Wirbeltierarten wurden
von den gefräßigen Kleinsäugern
innerhalb weniger Jahre ausgerottet.

Obendrein fraßen die
Mungos den Bauern auch
noch ihre Bananen, die
Ananas und den Mais weg.

Aber nicht nur das: Da sich unter den „neuen" Beutetieren
der Mungos auch zahlreiche Insektenfresser wie Vögel,
Kröten, Frösche und Schlangen befanden, stieg die Anzahl der Schadinsekten auf den Zuckerrohrplantagen
rapide an, was wiederum riesige Ernteverluste zur Folge
hatte. Obendrein fraßen die Mungos den Bauern auch
noch ihre Bananen, die Ananas und den Mais weg.

Die Bilanz des Mungoimports fiel letztlich katastrophal
aus: Die inselfremden Tiere hatten nicht nur einen viel
größeren Schaden angerichtet als die Ratten zuvor, sondern dazu noch ein intaktes Ökosystem weitgehend
ruiniert.

Nachtbaum-
natter am
richtigen Ort

Nachtbaum-
natter am
falschen Ort

Die Terrorschlangen von Guam

Wer auf der Pazifikinsel Guam eine Schlange überfährt, braucht kein schlechtes Gewissen zu haben – ganz im Gegenteil, er darf sich sogar als Naturschützer fühlen, denn auf dem tropischen Eiland sind buchstäblich die Schlangen los: Das Leben auf der beschaulichen Insel droht an einer Schlangenplage zu ersticken.

Experten gehen davon aus, dass insgesamt fünf bis sechs Millionen Exemplare der Braunen Nachtbaumnatter (*Boiga irregularis*), einer zu den Trugnattern zählenden Schlangenspezies, auf Guam leben. Bei einer Inselfläche von gerade mal 549 Quadratkilometern sind das, nach Adam Riese, rund 10 000 Exemplare pro Quadratkilometer. Das ist Weltrekord – nirgendwo anders auf unserem Planeten gibt es eine derart hohe Schlangendichte.

Das Schlangenproblem ist, wie könnte es anders sein, menschengemacht. Bis vor rund 60 Jahren gab es, sieht man mal von einer blinden, sich völlig harmlos durch die Erde wühlenden Art ab, überhaupt keine Schlangen auf Guam. Das eigentliche Verbreitungsgebiet der Braunen Nachtbaumnatter erstreckt sich nämlich über das nördliche Australien, Neuguinea, die Salomonen und viele weitere Inseln des Südpazifiks. Von dort ist die Schlange, vermutlich während des Zweiten Weltkrieges, mit Truppentransportschiffen unbeabsichtigt nach Guam eingeschleppt worden.

> Nirgendwo sonst auf unserem Planeten gibt es eine derart hohe Schlangendichte wie auf Guam.

Dort angekommen, fanden die geschuppten Immigranten einen reich gedeckten Tisch vor. Die Schlangen, die über hervorragende Kletterkünste verfügen, trafen auf eine ebenso reichhaltige wie arglose Vogelwelt, die der neuen Bedrohung durch die Reptilien völlig hilflos gegenüberstand. Guams Piepmätze hatten es vorher noch nie mit Vögel fressenden Schlangen zu tun gehabt. Die Warnung

„Achtung, Schlange! Bitte sofort wegfliegen!" war daher einfach nicht in ihrem genetischen Programm verankert. Die Schlangen, die sich dank hoher Vermehrungsraten und dem völligen Fehlen natürlicher Feinde in ihrer neuen Heimat explosionsartig vermehrten, machten sich dann auch mit schrecklicher Effizienz über die Vogelwelt der Insel her: 12 von 14 Waldvogelarten wurden von den nachtaktiven Jägern innerhalb weniger Jahre ausgerottet. Vogelgezwitscher gehörte bald der Vergangenheit an – es wurde still in den Wäldern Guams.

> Vogelgezwitscher gehörte bald der Vergangenheit an – es wurde still in den Wäldern Guams.

Und um das Maß vollzumachen, rottete der schuppige Terminator gleich auch noch zwei Fledermaus- und sechs Echsenarten aus. Das Verschwinden von Vögeln und Echsen führte wiederum dazu, dass zahlreiche Insektenarten, darunter auch viele schädliche, ihre wichtigsten Fressfeinde verloren und sich in großem Stil vermehrten.

Nachdem das hungrige Reptil die wildlebenden Kleintiere nahezu ausgerottet hatte, machte es sich über die Haustiere her. Immer häufiger fanden Farmer bei ihrer Morgeninspektion vollgefressene Nachtbaumnattern selig schlafend in den geplünderten Hühnerställen vor.

Und selbst die Pflanzenwelt leidet unter den Terrorschlangen: Mit dem Aussterben der diversen Vogelarten fehlen jetzt nämlich im Ökosystem der Insel genau die Tiere, die bei vielen Baumarten für die Verbreitung der Samen verantwortlich waren. Vögel zum Beispiel fressen die Früchte vieler Bäume und sorgen für ihre Verbreitung, indem sie die mitgeschluckten Samen andernorts wieder ausscheiden. Mit dem Verschwinden der Vögel wurde dieser Mechanismus unterbrochen. Nach Ansicht von Experten könnte dies langfristig gesehen das Ende der großen Mischwälder auf Guam bedeuten.

Als ob das alles nicht genug wäre, gehen auf das Konto der Nattern noch weitere kostspielige Untaten. Die – wie ja bereits erwähnt – äußerst kletterfreudigen Reptilien unternehmen auf der Suche nach Beute mit Vorliebe Exkursionen auf die Strommasten der Insel und schließen dort die Überlandleitungen kurz. So gehen pro Jahr auf Guam rund 200-mal „schlangenbedingt" die Lichter aus. Die zum Teil weitläufigen Stromausfälle (manche sorgten sogar für insel-

weite Blackouts) verursachen Schäden von rund zwei Millionen Dollar pro Jahr. Kein Wunder, dass so häufige Computerabstürze oder Produktionsstopps in Fabriken und Brauereien derart zu Buche schlagen.

Auf der Suche nach Beute machen die gefräßigen Schlangen auch nicht vor menschlichen Behausungen halt. Und da sie keineswegs scheu, sondern äußerst aggressiv sind, bleiben Konfrontationen den Bewohnern natürlich nicht aus.

Unglücklicherweise ziehen gerade Neugeborene die Braune Nachtbaumnatter an, wie Wissenschaftler der Universität Colorado herausgefunden haben: Der Geruch von Blut und Fruchtwasser wirkt auf die Schlangen offenbar besonders verführerisch. So können äußerst kritische Situationen entstehen, denn das Gift der Schlange ist zwar für Erwachsene im Regelfall nicht gefährlich, wohl aber für Babys und Kleinkinder. Glücklicherweise kam es bei über 100 registrierten Attacken auf Babys bisher noch nicht zu Todesfällen. Einige Säuglinge, bei denen das Schlangengift einen Atemstillstand verursachte, konnten jedoch nur mit Mühe und Not gerettet werden.

> Die Nattern unternehmen Exkursionen auf die Strommasten der Insel und schließen dort die Überlandleitungen kurz.

Eine Bekämpfung der Schlangen gestaltet sich schwierig, trotz der 1,5 Millionen Dollar, die den geplagten Inselbewohnern von der US-Regierung vor einigen Jahren zur Schlangenabwehr zur Verfügung gestellt wurden. Zwar gehen 40 professionelle Schlangenjäger, die Kopfgelder für jede den Behörden übergebene Schlange erhalten, Nacht für Nacht mit der Taschenlampe auf Beutezug, doch das Schlangeneinfangen ist nicht ohne: Ein ausgewachsenes Exemplar der Braunen Nachtbaumnatter kann nämlich bis zu drei Meter lang werden, ist sehr flink auf den Schuppen und legt eine nicht zu unterschätzende Aggressivität an den Tag. So sind oftmals mehrere Männer nötig, um ein solches Tier zu bändigen.

> Mehrere Männer sind nötig, um solch ein drei Meter langes Exemplar zu bändigen.

Das Aufstellen von Schlangenfallen, sowohl mit Mäusen als auch mit chemischen Ködern bestückt, brachte zwar Erfolge, erwies sich jedoch als ziemlich umständlich. Speziell geformte Röhren, in denen sich die Schlangen – angelockt von einem Sexu-

allockstoff – beim Durchkriechen mit einem Kontaktgift kontaminieren, befinden sich noch in der Erprobung.

Der Vorschlag, Fressfeinde der Nachtbaumnatter, wie zum Beispiel den Mungo, auf Guam einzuführen, wurde relativ schnell verworfen. Man wollte nicht Gefahr laufen, die Situation noch zu verschärfen. Offensichtlich hatte man aus vergangenen Fehlschlägen andernorts gelernt (siehe Seite 154). Nach Auffassung von Reptilienkundlern hätte nur der Import einer einzigen Tierart Erfolg versprochen – aber die Einfuhr von Königskobras wäre der Bevölkerung der Insel sicherlich nicht zu vermitteln gewesen.

> Nach Auffassung von Reptilienkundlern hätte der Import einer einzigen Tierart Erfolg versprochen ...

Die Behörden Guams unternehmen zusammen mit den maßgeblichen Stellen der US Air Force alles Menschenmögliche, um zu verhindern, dass sich das Schlangendrama auf einer anderen Insel wiederholt. Einzelne reiselustige Nachtbaumnattern haben bereits versucht, als blinde Passagiere nach Saipan, der Hawaii-Insel Oahu und sogar auf das amerikanischen Festland auszuwandern. Diesmal wählten sie jedoch nicht den Seeweg, sondern versuchten ihr Glück an Bord von Militärflugzeugen. Um weitere Reiseaktivitäten der Unheil bringenden Reptilien zu unterbinden, werden daher Häfen und Flugplätze unter anderem mit Hilfe von Spürhunden rund um die Uhr scharfen Schlangenkontrollen unterzogen.

Ein Wüstenschiff als Ökoferkel

Wer an Australiens außergewöhnliche Wildnis denkt, dem kommen mit Sicherheit Kängurus, Koalas und Schnabeltiere in den Sinn. Was jedoch die wenigsten Menschen wissen: Dort leben auch über eine Million wilder Kamele – Tendenz steigend.

Bei den Wüstenschiffen im Outback handelt es sich um die Nachkommen von gezähmten Tieren, die Mitte des 19. Jahrhunderts nach Australien eingeführt wurden. Sie sollten den ersten Siedlern als Lasttiere bei der Durchquerung der reichlich vorhandenen Wüsten dienen. Allein zwischen 1860 und 1907 wurden 12 000 Kamele, genauer gesagt Dromedare (*Camelus dromedarius*), vorwiegend aus Nordafrika, Pakistan und Indien importiert. Die einhöckrigen Kamele erwiesen sich als verlässliche Partner der Pioniere: Auf ihrem Rücken transportierten sie alles, was zum Bau von Straßen, Eisenbahnlinien und Telegrafenleitungen nötig war, bis zu 600 Kilogramm pro Tier.

> In Australien leben über eine Million wilder Kamele – Tendenz steigend.

Im Laufe der Zeit, vor allem nach Erfindung des Autos, lösten jedoch Lastwagen und Güterzüge die Wüstenschiffe als Transportmittel ab. Die Meister des Entbehrens waren selbst entbehrlich geworden. Von ihren Besitzern schnöde und undankbar in die Freiheit entlassen, verwilderten die Tiere. Sie vermehrten sich prächtig, denn große Raubtiere, die ein ausgewachsenes Kamel erbeuten könnten, existieren Down Under nicht. Nach Schätzungen von Experten verdoppelt sich die Herde alle sieben Jahre.

Allerdings sind die Nachkommen der einst so braven Lastentiere dank ihrer gewaltigen Stückzahl mittlerweile zu einer echten Plage mutiert. Das Sündenregister der Aussie-Dromedare ist lang: Sie fressen den heimischen

> Nach Schätzungen von Experten verdoppelt sich die Herde alle sieben Jahre.

Die scheinbar friedlichen Wüstenschiffe können ganz schön gefährlich werden.

Tieren die Nahrung weg, zertrampeln die Felder der Farmer, verschmutzen Wasserstellen und zerstören ab und zu auch noch die heiligen Orte der Aborigines.

So richtig für Furore sorgten die Kamele im Herbst 2009, als eine Herde von rund 6000 Tieren wegen anhaltender Trockenheit im Outback kein Wasser mehr fand. Auf der Suche nach dem kostbaren Nass fiel sie in mehrere Ortschaften ein und plünderte dort die Wasservorräte. In ihrer Verzweiflung drangen die Tiere sogar in Häuser ein, öffneten die Wasserhähne und machten sich über die Ablaufrinnen der Klimaanlagen her.

Besonders schwer traf es die kleine, etwa 670 Kilometer südwestlich von Alice Springs gelegene Gemeinde Docker River. Hier zerstörte die außer Rand und Band geratene Kamelhorde nicht nur die Wassertanks und zertrampelte Kanäle und Abflussrohre, sondern legte auch den kleinen Flughafen der Ortschaft lahm. Als sich die Menschen aus

Furcht, von den riesigen Tieren niedergetrampelt zu
werden, nicht mehr aus ihren Häusern trauten, griff die
australische Regierung ein und gab den Befehl zum
Abschuss. In einer groß angelegten Aktion wurden die
Kamele zunächst mit Hilfe von Hubschraubern rund
15 Kilometer weit aus den Dörfern getrieben. Dort wurden dann innerhalb kürzester Zeit Tausende von Tieren
von ansässigen Jägern und extra
eingeflogenen Scharfschützen getötet. Die Kadaver der erlegten Tiere
blieben dem Vernehmen nach in
der Wüste liegen und verrotteten.
Bilder vom Kamelmassaker existieren nicht. Die Behörden hatten

> **Die außer Rand und Band geratene Kamelhorde zertrampelte Kanäle und legte den Flughafen lahm.**

Filmaufnahmen von der Massenhinrichtung bei Strafan-
drohung untersagt. Natürlich kritisierten Tierschützer in
aller Welt die drakonische Maßnahme der australischen

Regierung und riefen sogar Touristen zum Boykott Australiens auf.

Vielen Australiern dagegen reicht diese Massentötung bei Weitem nicht aus. Vor allem von Seiten der Politik wird immer wieder der Ruf nach weiteren Maßnahmen gegen die unbeliebten Neuaustralier laut. Die Argumentation der Kamelgegner ist dabei manchmal – um es vorsichtig auszudrücken – recht kreativ: So erklärte Anfang 2010 der Agrarsprecher der Opposition John Cobb im Rahmen einer Debatte im australischen Parlament, die vollständige Ausrottung aller australischen Kamele wäre ein ausgezeichneter Beitrag zum Klimaschutz. Würde doch – wie Wissenschaftler errechnet hätten – ein Kamel jedes Jahr rund eine Tonne Treibhausgase in die Luft rülpsen und so einen nennenswerten Beitrag zur Erwärmung der Erdatmosphäre leisten. Eine vollständige Ausrottung der eine Million Tiere starken Kamelpopulation, argumentierte Cobb, spare mehr klimaschädliches Gas ein, als wenn 300 000 Autos aus dem Verkehr gezogen würden. Auch für die Verwertung der erlegten Tiere hatte der Politiker eine zündende Idee: Das Fleisch der Dromedare solle zu Kamel-Burgern verarbeitet und als spezielle Delikatesse in alle Welt verkauft werden.

Die hoppelnde Plage

Als der Farmer Thomas Austin im Oktober 1859 im australischen Bundesstaat Viktoria 24 Kaninchen aus ihren Ställen in die Freiheit entließ, ahnte er nicht, dass er eine Katastrophe von gewaltigen Dimensionen auslösen würde. Mit der mittlerweile historischen Tat wollte der begeisterte Jäger eigentlich nur ein neues jagdbares und wohlschmeckendes Wild im bisher kaninchenfreien Australien ansiedeln.

Dass Kaninchen (*Oryctolagus cuniculus*) sowohl schmackhaft als auch fortpflanzungsfreudig sind, wusste bereits vor rund 450 Jahren der berühmte Schweizer Naturforscher Conrad Gesner. In seinem legendären „Thier-Buch" merkte er über das „Carnickel" an: „So fruchtbar hat Gott diß Thier erschaffen/damit es dem Menschen eine besondere/angenehme/und schleckerhafftige Speiß seyn sollte".

In der Tat: In den ersten Jahren nach der Freisetzung waren die kleinen Hoppler den jagdbegeisterten Australiern als Fleisch- und Felllieferanten noch höchst willkommen. Eine Einstellung, die sich rasch änderte. Denn trotz eifriger Bejagung wuchs die Zahl der Kaninchen ins Unermessliche. Die Tiere breiteten sich in Windeseile nahezu über den gesamten Kontinent aus. Für den enormen Zuwachs waren zwei Gründe verantwortlich.

> Die Eroberung Australien durch die Hoppler war die weltweit schnellste Besiedlung durch ein Säugetier.

Zum einen fanden die vierbeinigen Neubürger in den australischen Savannen und Wäldern ideale Lebensbedingungen vor: Nahrung im Überfluss und kaum natürliche Feinde, die einem das Leben vermiesen könnten. Lediglich der Dingo, Australiens größtes Raubtier, begibt sich auf Kaninchenjagd.

Zum anderen leistete natürlich auch die enorme Fruchtbarkeit der Kaninchen ihren Beitrag. Ein Kaninchenpaar kann im Jahr unter günstigen Bedingungen über 100 Nachkommen haben!

Das australische „Bureau of Rural Sciences" (BRS) konstatierte, das es sich bei der Eroberung Australiens „um die

Aussie-Idyll?

weltweit schnellste Besiedlung durch ein Säugetier überhaupt" handle.

Vor allem die australischen Farmer litten unter der Kaninchenplage: Die possierlichen Tierchen fraßen Felder und kostbares Weideland kahl, das Land verödete und wurde zur Steppe. Die durch Kaninchen verursachten Schäden in der Landwirtschaft betrugen jedes Jahr Hunderte Millionen Dollar.

> **Die Australier erklärten das Kaninchen zum Staatsfeind Nummer eins.**

Es war also kein Wunder, dass die Australier recht bald das Kaninchen zum Staatsfeind Nummer eins erklärten. Farmer, Naturschützer und Behörden legten sich gewaltig ins Zeug, um der Kaninchenplage Herr zu werden – und dazu war ihnen jedes Mittel recht: Die Kaninchen wurden mit Hunden gejagt und mit Gewehren erschossen. Man legte Giftköder aus und attackierte ihre unterirdischen Behausungen mit Dynamit und Grabmaschinen. Die Erfolge waren jedoch bescheiden und entpuppten sich letztendlich nur als Tropfen auf dem heißen Stein – die Kaninchen vermehrten sich ständig weiter. Man wurde die Plagegeister, die man einst rief, einfach nicht mehr los.

Um wenigstens einen Teil des fünften Kontinents kanin-
chenfrei zu halten, beschloss eine eigens eingesetzte könig-
liche Kommission, das bisher noch nicht befallene Westaustralien durch den Bau einer riesigen Barriere vor den hoppelnden Schädlingen zu schützen. Und so wurde von 1901
bis 1905 ein Zaun von Starvation Harbour an der Südküste
bis nach Cape Keraudren an der Nordküste errichtet. Dieses
1837 Kilometer lange Bauwerk ging als „Rabbit-Proof Fence
No. 1" (Kaninchensicherer Zaun Nr. 1) und zugleich längs-
ter Zaun der Welt in die Geschichte ein.

Doch schon 1902 wurden westlich des Riegels erneut
Kaninchen gesichtet. Die Regierung ordnete daraufhin
sofort den Bau zweier weiterer Zäune an, woraufhin unverzüglich mit dem Bau von Rabbit-Proof Fence No. 2
(1666 Kilometer) und Rabbit-Proof Fence No. 3 (253 Kilometer) begonnen wurde. Bei Bauende im Jahr 1907 betrug die Gesamtlänge des Kaninchenabwehrbollwerkes
dann unglaubliche 3253 Kilometer – das entspricht in
etwa der Strecke zwischen Amsterdam und Athen. Die
Kosten für die Errichtung der riesigen Zaunanlagen betrugen 337 841 Pfund Sterling – zur damaligen Zeit eine gewaltige Summe.

Der Dingo ist
der einzige
Kaninchenjäger
Australiens.

Das Kaninchen – Namenspatron Spaniens

In der Antike waren Wildkaninchen fast ausschließlich auf der Iberischen Halbinsel und in Südfrankreich verbreitet. Das Land Spanien verdankt den Tieren sogar seinen Namen. Die Phönizier, die keine Kaninchen kannten, hielten die hoppelnden Langohren irrtümlicherweise für die aus ihrer Heimat bekannten Schliefer – kleine murmeltierähnliche Säugetiere. Sie gaben der Iberischen Halbinsel deshalb den Namen „I-Shapan-im" (Land der Schliefer), was zum lateinischen Namen „Hispania" führte.

Später wurden Kaninchen wegen ihres wohlschmeckenden Fleisches von den Römern in Nordafrika und Italien eingebürgert. Im Mittelalter beziehungsweise der frühen Neuzeit folgten Frankreich, Großbritannien und Deutschland als neue Heimatländer der Hoppler. Heute ist das Wildkaninchen, abgesehen von Skandinavien, über ganz Europa verbreitet. Darüber hinaus wurde es in Australien, Neuseeland, Nord- und Südamerika und Südafrika sowie auf vielen Inseln in allen Ozeanen eingebürgert.

Trotz der sogenannten „Kanincheninspektoren", Beamte, deren Aufgabe es war, die Undurchlässigkeit des Zauns zu überwachen (übrigens oft mit Hilfe von Fahrrädern, später meist auf dem Rücken von Kamelen), brachte das gewaltige Bauwerk nicht den erhofften Erfolg. An manchen Stellen wurde das Holz der Pfähle morsch und der Zaun brach einfach in sich zusammen, an anderen Stellen wiederum ließen Farmer oder Durchreisende tagelang die Tore offen stehen, sodass immer wieder Kaninchen in das aufwändig geschützte Westaustralien vordringen konnten. Lediglich im äußersten Südwesten gelang es, die Kaninchenpopulation dank der Zäune Nr. 2 und 3 in einem einigermaßen erträglichen Maß zu halten.

Da zu Beginn der 1950er Jahre der australische Kaninchenbestand trotz aller Gegenmaßnahmen auf mehrere Milliarden Exemplare angewachsen war, suchte man nach härteren Methoden. Nun griff man erstmals zu einer biologischen Waffe – dem Myxomatose-Virus. Dieses aus Südamerika stammende Virus, das üblicher-

Die Gesamtlänge des Kaninchenzauns betrug unglaubliche 3253 Kilometer.

weise von Flöhen und Stechmücken übertragen wird, führt im Regelfall bei 99 Prozent aller Kaninchen zum Tod. Und tatsächlich: Nach nur mäßig erfolgreichen Versuchen im Jahr 1936 räumte das Virus bei einem zweiten Einsatz 1951 drastisch unter den unerwünschten Langohren auf. Innerhalb von nur zwei Jahren fielen rund 500 Millionen Kaninchen der importierten Seuche zum Opfer. Fast 20 Jahre lang konnte man die Kaninchenanzahl mittels Myxomatose auf ein erträgliches Maß reduzieren. Dann trat ein, was Wissenschaftler schon lange befürchtet hatten: Ein Teil der Kaninchen wurde resistent gegen das Virus. Klare Folge: Die Kaninchenbestände wuchsen gegen Beginn der 1990er Jahre erneut auf geschätzte 300 Millionen Exemplare an.

Deshalb entschloss man sich 1996, erneut zu einer Biowaffe zu greifen. Das Mittel der Wahl war auch diesmal ein Virus, und zwar das Rabbit Haemorrhagic Disease Virus (RHD), das zuvor bereits die europäischen Kaninchenbestände

> Innerhalb von nur zwei Jahren fielen rund 500 Millionen Kaninchen der eigens importierten Seuche zum Opfer.

dezimiert hatte. Eigentlich wollte man dieses zunächst unter höchsten Sicherheitsvorkehrungen auf der vor der Südküste Australiens gelegenen Insel Wardang testen. Aber allen Sicherheitsmaßnahmen zum Trotz kam das

Wer bringt in Australien die Ostereier?

Hasen und Kaninchen erfreuen sich in Australien – anders als in ihrer europäischen Heimat – keiner allzu großen Beliebtheit. Die Wut der Aussies auf die gefräßigen Langohren war sogar so groß, dass man sich Anfang der 1990er Jahre entschloss, den Osterhasen abzusetzen.

Als neues Ostersymbol wurde eine heimische Beuteltierart, der Bilby oder Große Kaninchennasen-

beutler, inthronisiert. Mit dem Tausch wollte man gleichzeitig in der Bevölkerung eine Lanze für diese in Australien vom Aussterben bedrohte Tierart brechen. Gute Gründe also, warum jetzt das Beuteltier mit den großen Ohren und dem weichen Fell dafür verantwortlich ist, dass auch australische Kinder ihre Ostereier pünktlich zum Osterfest erhalten.

Virus frei und griff auf die Kaninchenpopulationen auf dem Festland über.

Nachdem die Katze schon einmal aus dem Sack war, traten die zuständigen Behörden die Flucht nach vorne an und setzten das Virus höchst offiziell an 400 Stellen in Australien frei.

Anfangs war die Aktion vielversprechend – bereits in den ersten zwei Monaten nach Freisetzung des Virus starben zehn Millionen Kaninchen. Bis 2003 war deren Zahl vielerorts durch RHD sogar um 85 Prozent und mehr reduziert worden. Aber bereits jetzt hat das Virus in den kühleren und regenreicheren Regionen des fünften Kontinents an Effektivität verloren. Offensichtlich sind einige Kaninchen auch gegen das neue Virus resistent. Den Grund dafür hat vor kurzem eine australische Wissenschaftlerin gefunden: Ein anderes, bislang unbekanntes, für die Kaninchen harmloses Virus regt die Langohren zur Bildung von Antikörpern an, die offensichtlich auch das RHD-Virus ausschalten.

Und deshalb wird in Australien fieberhaft an alten und neuen Viren geforscht, aber auch alternative Bekämpfungsmethoden werden erprobt. Ob man der unverwüstlichen Kaninchenplage jedoch jemals Herr werden wird, erscheint fraglich.

Wie Kröten ein Weltkulturerbe bedrohen

Sie ist dick, hat viele Warzen, frisst alles, was sie in ihr riesiges Maul stopfen kann und ist das mit Abstand am meisten verabscheute Tier Australiens: die hochgiftige Agakröte (*Rhinella marina,* früher: *Bufo marinus*). Wo auch immer der Aussie auf eine Agakröte trifft, es bedeutet in der Regel das Ende des bis zu zwei Kilogramm schweren Froschlurchs. Die Kröten werden mit dem Auto überfahren, mit dem Rasenmäher zerstückelt, mit Knüppeln erschlagen, vergast, tiefgefroren oder sogar als Golfball missbraucht – und das alles mit dem Segen von Obrigkeit und oft auch Naturschutzverbänden.

Selbst hochrangige Politiker geben Ratschläge, wie den verhassten Kröten am besten beizukommen ist. So unterrichtete der australische Umweltminister Ian Campbell im Fernsehen seine Mitbürger darüber, dass sich die Jagd auf Agakröten mit dem Luftgewehr bereits in seiner Jugend als sehr ineffektiv erwiesen habe. Ein australischer Parlamentarier namens David Tollner teilte seinen Landsleuten mit, der beste Weg eine Agakröte zu exekutieren, sei immer noch die traditionelle Methode, nämlich ihr einen tödlichen Schlag mit einem Kricket- oder Golfschläger zu versetzen.

> Die Kröten werden überfahren, mit dem Rasenmäher zerstückelt oder als Golfball missbraucht.

Dabei wurden die derart verhassten Amphibien einst als höchst willkommene Gastarbeiter ins Land geholt. Zuckerrohrfarmer in Nordostaustralien hatten 1935 100 Agakröten aus Venezuela importiert. Die Amphibien sollten Schützenhilfe bei der Bekämpfung des Zuckerrohrkäfers leisten, einer Käferart, die den Farmern in der Vergangenheit immer wieder heftige Ernteverluste beschert hatte. Doch die Kröten, deren eigentliches Verbreitungsgebiet sich von Patagonien über Süd- und Mittelamerika bis nach Texas erstreckt, erwiesen sich in Sachen biologische Schädlingsbekämpfung als herbe Enttäuschung.

Kaum ein Tier ist
so verhasst wie
die Agakröte.

Leider stimmte das Timing der Kröten nicht mit dem Lebenszyklus des Zuckerrohrkäfers überein: So machten es sich die Kröten im Frühjahr immer noch in ihrem Winterversteck gemütlich, während die Käfer bereits geschlüpft waren und sich das Zuckerohr schmecken ließen. Als die Kröten dann im Frühsommer endlich ihr Winterquartier verließen, hatten die Schädlinge bereits die oberen Regionen der Pflanzen erobert und waren damit außer Reichweite ihrer behäbigen Fressfeinde. Erschwerend kommt hinzu, dass die Käfer fliegen können, die Kröten aber nicht.

Die vermeintlichen biologischen Geheimwaffen hatten jedoch nicht nur ihre Mission völlig verfehlt, sondern wurden selbst zur Plage. Statt Schädlinge zu dezimieren, entpuppten sie sich als Wolf im Schafspelz, denn die bis zu 26 Zentimeter großen Krötenmonster fraßen so ziemlich alles, was sich in die Nähe ihrer gewaltigen Mäuler wagte: Frösche, Eidechsen, Schildkröten, Kleinsäuger und Insekten. Ab und an machten sie sich sogar über die eigenen Jungen her. Auch Pflanzen verschmähen die gefräßigen Amphibien keineswegs.

> Als biologische Geheimwaffen waren die Kröten ein Flop. Dann zeigten sie ihre wahre Natur.

Darüber hinaus werden sie sogar dem Menschen lästig: In jüngerer Zeit wurden die nachtaktiven Tiere dabei beobachtet, wie sie in Häuser eindrangen, sich dort genüsslich am Inhalt von Hunde- und Katzennäpfen labten und es sich anschließend im hauseigenen Swimmingpool gut gehen ließen.

Das Schlimmste ist: Es werden immer mehr! Agakröten können sich sehr gut an die unterschiedlichsten Umweltbedingungen anpassen. Außerdem werden sie über fünf Jahre alt und haben eine riesige Nachkommenschaft, da sie mehrmals im Jahr zigtausend Eier ablegen können.

> Sie labten sich am Hundefutter und ließen es sich im Swimmingpool gut ergehen.

Viele der Krankheiten und Parasiten, die die Krötenpopulationen in ihren Ursprungsländern dezimiert haben, fehlen in Australien. Dazu hatten die Kröten in ihrer neuen Heimat lange Zeit keine natürlichen Feinde zu fürchten. Vor Fressfeinden aller Art bewahrt die Kröten ein geni-

ales körpereigenes Abwehrsystem: In Drüsen an Hinterkopf und Rücken produzieren sie ein giftiges Sekret. Fühlt sich eine Kröte massiv bedroht, kann sie das Gift mit hohem Druck bis zu zwei Meter weit herausspritzen. Das Sekret verursacht Reizungen an Haut und Schleimhaut; gelangt es in die Augen, kann es zur vorübergehenden Erblindung führen. Wenn nun Wildtier oder Haustier den Fehler begehen, eine Agakröte verspeisen zu wollen, werden sie das unweigerlich mit dem Leben bezahlen – das Krötengift greift nämlich die Herzmuskulatur so wirksam an, dass bereits nach wenigen Minuten der Tod eintritt.

Selbst Krokodile überleben die Krötenmahlzeit nicht. Das belegt eine Studie der Universität von Darwin: Allein im Victoria River waren innerhalb eines Jahres 77 Prozent der tot aufgefundenen Krokodile verendet, weil sie eine Agakröte verspeist hatten.

> **Selbst Krokodile überleben die giftige Krötenmahlzeit nicht.**

So wuchs die Agakrötenpopulation Australiens in Windeseile und wurde innerhalb kürzester Zeit zu einer großen Gefahr für die einheimische Natur. Bereits nach einem halben Jahr war ihre Zahl von 100 bereits auf 60 000 Exemplare angestiegen. Heute – so die Fachleute – bevölkern rund 100 Millionen der gefräßigen Tiere den australischen Kontinent und beherrschen ein Gebiet, das mit mehr als einer Million Quadratkilometern dreimal so groß ist wie Deutschland.

Umweltschützer befürchten, dass vor allem einige Echsen, Schlangen und räuberische Beuteltiere, bei denen Amphibien auf der Speisekarte ganz oben stehen, in ihrer Existenz massiv bedroht sind. Diese Tiere haben einfach noch nicht begriffen, wie ungesund ihre neue Beute ist.

Wie könnte es anders sein: Neben gravierenden ökologischen Schäden sind die verhassten Kröten auch für wirtschaftliche Einbußen verantwortlich. Verhageln die Tiere doch durch ihr Massenauftreten immer öfter auch Hotel- und Restaurantbesitzern, Tourveranstaltern und Nationalparkbetreibern kräftig das Geschäft. Welcher Tourist möchte schon gerne Mahlzeit oder Bett mit einer giftigen Kröte teilen? Seit ihrer Einfuhr haben die Kröten Schäden angerichtet, deren

> **Welcher Tourist möchte schon gerne Mahlzeit oder Bett mit einer giftigen Kröte teilen?**

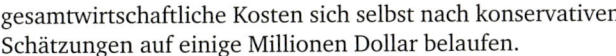

gesamtwirtschaftliche Kosten sich selbst nach konservativen Schätzungen auf einige Millionen Dollar belaufen.

Und die Kröten breiten sich weiter aus: Jedes Jahr vergrößern die Amphibien ihr Verbreitungsgebiet um weitere 40 Kilometer. Noch schlimmer: Ihre Ausbreitungsgeschwindigkeit hat mittlerweile massiv zugenommen, denn im Laufe der Zeit haben die Tiere in einer Art Zeitrafferevolution deutlich längere Hinterbeine entwickelt und können dadurch wesentlich schneller vorankommen als noch vor 75 Jahren. Inzwischen bevölkern die wanderfreudigen Kröten Queensland, große Teile des Northern Territory und New South Wales. Und sie sind mittlerweile sogar in den berühmten, rund 20 000 Quadratkilometer großen Kakadu-Nationalpark eingedrungen. Dieser wurde von der UNESCO zum Weltkulturerbe ernannt, da er neben jahrtausendealten Felsbildern der australischen Ureinwohner auch eine weltweit einmalige und zum Teil vom Aussterben bedrohte Tier- und Pflanzenwelt aufweist. Das einzigartige Ökosystem ist durch die Invasion der gefräßigen Kröten massiv bedroht. Hohe Luftfeuchtigkeit, zahlreiche Überschwemmungsgebiete und eine ungeheure Insektenvielfalt – ein Krötenparadies.

Die Bedrohung des Parks hat den australischen Umweltminister auf den Plan gerufen. Den alles verschlingenden Kröten wurde seitens der australischen Regierung nun hochoffiziell der Krieg erklärt. Ihr Vormarsch solle endlich gestoppt werden. Sicher kein leichtes Unterfangen, denn obwohl inzwischen schon viele Millionen Dollar zur Erforschung von Krötenbekämpfungsmaßnahmen ausgegeben wurden, waren die Ergebnisse bisher – gelinde gesagt – bescheiden.

> Die Tiere haben in „Zeitrafferevolution" längere Hinterbeine entwickelt und sind jetzt schneller als noch vor 75 Jahren.

So arbeiten Wissenschaftler bereits seit Jahren daran, die Kröten mit Hilfe der Gentechnik derart zu manipulieren, dass ihre Entwicklung zum geschlechtsreifen Tier verhindert wird – bisher ohne jeden Erfolg. Andere Forscher setzen auf den Einsatz von Viren: So konnten in der ursprünglichen Heimat der Kröten, Venezuela, tödlich wirkende Viren gefunden werden, mit denen man der fressenden Plage in Australien zu Leibe rücken könnte. Ihre Wirkung erwies sich jedoch als nicht spezifisch genug, und so wür-

Kröten statt LSD

Wir wissen es aus dem Märchen der Gebrüder Grimm: Wenn ein schönes Mädchen einen Frosch küsst, besteht die Möglichkeit, dass er sich in einen Prinzen verwandelt. Mit Agakröten funktioniert dieser Trick leider nicht. Dafür wartet ein anderes Sinneserlebnis auf Menschen, die es riskieren, am Rücken dieser Krötenart zu lecken: Sie sehen die Welt auf einmal in bunten Farben und verzerrten Formen, denn das giftige Rückensekret der Agakröte enthält ein starkes Halluzinogen namens Bufotenin, dessen Wirkung nach Ansicht von Fachleuten mit der von LSD zu vergleichen ist. Kein Wunder also, dass Drogenkonsumenten in aller Welt – haben sie erst mal ihren Ekel überwunden – in den „Drogenkröten" eine preiswerte Alternative zu herkömmlichen Rauschgiften sehen.

Konsumiert wird das Krötengift auf ganz unterschiedliche Weise. Nur Anfänger lecken es direkt vom Rücken der Kröte ab. Könner dagegen melken ihre Kröten regelrecht, indem sie mit den Fingern vorsichtig die Giftdrüsen der Amphibien stimulieren. Das so gewonnene Sekret wird anschließend getrocknet und dann in der Pfeife geraucht. Allerdings sollte man als Krötenrauschgiftkonsument stets über eine ausreichende Anzahl von Agakröten verfügen, da die Tiere immerhin vier bis sechs Wochen benötigen, um ihre Giftsekretvorräte wieder zu erneuern.

Aber es geht auch wesentlich brutaler: Ganz hartgesottene Konsumenten töten die Kröten, um sich dann aus der aufgekochten Haut einen „Krötentee" zu brühen – wohl bekomms!

den auch alle anderen in Australien heimischen Froschlurche gefährdet. Auch wäre eine Bekämpfung mit Viren alleine wahrscheinlich nicht ausreichend, da die Möglichkeit besteht, dass die Kröten relativ rasch immun werden, wie dies auch bei der Bekämpfung der Kaninchenplage mit dem Myxomatose-Virus der Fall war (siehe Seite 168).

Große Hoffnungen setzte man vorübergehend auch auf sogenannte „Toadblasters" – mobile Lautsprechersysteme, aus denen unablässig der verlockende Balzruf eines liebeshungrigen Agakrötenmännchens ertönt, der dann weibliche Tiere in tödliche Fallen locken soll. Aber die Krötendamen konnten den Liebesliedern vom Band offensichtlich

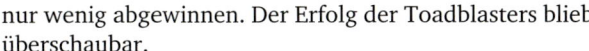

nur wenig abgewinnen. Der Erfolg der Toadblasters blieb überschaubar.

Mittlerweile nimmt der Kampf gegen die Agakröten in Australien wirklich skurrile Züge an. So wurde 2009 in Queensland mit der Unterstützung lokaler Politgrößen ein Festtag namens „Toad Day Out" ins Leben gerufen, ein Event, bei dem sich Hunderte Freiwillige aus fünf Gemeinden von Queensland zum Agakrötensammeln trafen. Bei dem makaber anmutenden Spektakel mit Volksfestcharakter – reichlich Snacks und Getränke gehörten dazu – wurden Tausende von aufgesammelten Agakröten zunächst lebend und unverletzt zu eigens eingerichteten Sammelstellen gebracht. Dort kontrollierten Biologen, ob sich unter den gesammelten Tieren auch keine einheimischen Arten befanden. War dies sichergestellt, tötete man die erbeuteten Amphibien auf „humane Weise": Sie wurden tiefgefroren oder in Plastiktüten mit Kohlendioxid erstickt. Von Seiten der Tierschützer der „Royal Society for the Prevention of Cruelty Against Animals" gab es sogar Applaus für diese Aktion.

Indes forscht man weiter. Vor Kurzem haben Wissenschaftler der Universität von Queensland hoffentlich endgültig die Achillesferse der vermeintlich unbesiegbaren Froschlurche entdeckt – die renitenten Kröten haben nämlich offenbar ein Faible für Discotheken. Nicht, dass die Tiere Musikliebhaber wären: Es ist die coole Beleuchtung dieser Etablissements, die die gefräßigen Kröten geradezu magisch anzieht. Diese Liebe zum UV-Schwarzlicht, das beim Abtanzen für bläulich schimmernde Kleidung sorgt, könnte den Amphibien jetzt zum Verhängnis werden. Experimente mit Schwarzlicht-Fallen brachten äußerst vielversprechende Ergebnisse: In nur drei Wochen konnten über 200 Kröten gefangen werden.

> Die coole Beleuchtung von Discos zieht die gefräßigen Kröten geradezu magisch an.

Wohin aber dann mit den Millionen Krötenkadavern? Auch hier zeichnet sich eine Lösung ab: Findige Geschäftsleute haben nämlich herausgefunden, dass sich die Haut der Agakröte ganz ausgezeichnet zu hochwertigem Leder gerben lässt. Aus dem Krötenleder werden dann Artikel wie Gürtel, Schlüsselanhänger oder Taschen hergestellt. Der absolute Renner unter den Krötenaccessoires sind Agakröten-

geldbörsen – vielleicht reizt ja die Vorstellung, seine Kröten in einer Kröte mitzuführen?

Den krötengeplagten Menschen und Tieren Australiens könnte allerdings auch noch Hilfe von völlig unerwarteter Seite kommen: Australische Ökologen haben herausgefunden, dass die Fleischameise *Iridomyrmex reburrus* vor allem in tropischen Gebieten mit Vorliebe kleine Agakröten verspeist. Heimische Froschlurche dagegen haben erfreulicherweise von den sechsbeinigen Krötengourmets nichts zu befürchten. Sie sind wachsamer und agiler als die schwerfälligen Agakröten mit ihren vergleichsweise kurzen Sprungbeinen und können den Ameisen daher leicht entkommen. Die Wissenschaftler haben aber noch keinen Plan entwickelt, wie man die Ameisen auch in großem Maßstab gegen die Kröten einsetzen kann.

Generell scheint sich neuerdings in Sachen Agakrötenfressfeinde einiges zu tun: So haben Krähen, Greifvögel und einige Ibisarten mittlerweile gelernt, beim Fressen der

Volkssport Krötenrennen

Ein beliebter Volkssport sind im wettbegeisterten Australien die berühmt-berüchtigten „Cane toad races" (Zuckerrohr-Kröten-Rennen). Bei diesen allwöchentlich in Kneipen, Pubs und auf Volksfesten veranstalteten Spektakeln werden zunächst bis zu acht mit verschiedenfarbigen Bauchbinden versehene Agakröten in der Mitte eines gezeichneten Kreises unter einem Eimer versteckt. Auf ein Startsignal hin wird dann der Eimer gelüftet, und die Kröten setzen sich unter den wilden Anfeuerungsrufen der oft reichlich alkoholisierten Wettpaten und Zuschauer in alle Richtungen in Bewegung. Die Kröte, die den Kreis als Erste verlässt, wird zur Siegerin gekürt.

Auf eine Belohnung wartet die siegreiche Kröte jedoch vergebens. Ganz im Gegenteil: Sie wird, wie die Verlierer auch, nach Beendigung des Wettkampfes von den Veranstaltern auf mehr oder minder humane Weise getötet. Schädling bleibt eben doch Schädling.

Kröten nicht mit den Giftdrüsen auf dem Rücken in Kontakt zu kommen. Sie picken ihnen einfach die Bauchhöhle auf oder stülpen bei den erbeuteten Kröten – sehr geschickt, aber äußerst makaber – das Innere nach außen, indem sie ihren Schnabel durch das Maul der Kröte rammen und dann die Innereien ihres Opfers ans Tageslicht zerren.

Zwei australische Schlangenarten, die Grüne Baumschlange und die Rotbäuchige Schwarzotter, haben neueren Forschungsergebnissen zufolge sogar gelernt, mit den gefährlichen Beutetieren zu leben: Innerhalb von gerade mal siebzig Jahren haben sie ihren Körper so verändert, dass sie die giftigen Agakröten gefahrlos fressen und verdauen können. Die evolutionäre Anpassung ist vergleichsweise simpel: Die Schlangen haben einfach ihre Köpfe verkleinert und ihre Körper verlängert. Die Entwicklung eines kleineren Kopfs ist dabei eine Art schützende Fressbeschränkung, denn durch die damit einhergehende Verkleinerung der Kiefer können die Schlangen nur noch kleinere Agakröten fressen, die einen geringeren Giftgehalt haben. Der längere Körper ermöglicht es den Schlangen, das Gift besser zu verdauen.

Für viele Australier
sind sie Helden:
Mistkäfer aus
fernen Ländern.

Mistkäfer retten Australier

Koalas, Kängurus und Eukalyptusbäume – Herz, was willst du mehr? Die meisten Australienbesucher sind von der grandiosen Fauna und Flora des fünften Kontinents restlos begeistert. Wenn da nur nicht diese lästigen Buschfliegen wären. Die kleinen Fluginsekten, etwas verniedlichend „Blowies" genannt, können einem das Leben im australischen Outback regelrecht zur Hölle machen. In Schwärmen verfolgen sie die hilflosen Menschen auf Schritt und Tritt und dringen dabei völlig schamlos in Nase, Ohren und Mund ihrer genervten Opfer ein.

Dass die kleinen Biester ganz gezielt das Gesicht aufsuchen, hat einen handfesten Grund: Das Weibchen benötigt vor der Eiablage reichlich Protein (Eiweiß), und das findet es vor allem in den Körperflüssigkeiten von Mensch und Tier,

> „Blowies" können einem das Leben im australischen Outback regelrecht zur Hölle machen.

bevorzugt an Augen- und Mundwinkeln. Panisches Umsichschlagen, wie man es oft bei Touristen beobachten kann, hilft allerdings nicht. Es scheint die Fliegen nur noch mehr anzustacheln. Cool bleiben ist also angeraten, aber das ist leichter gesagt als getan – denn wenn ständig Dutzende von Fliegen versuchen, in irgendeiner Körperöffnung zu verschwinden, ist eiserne Disziplin gefragt.

Übrigens: Die millionenfach beobachtete Abwehrgeste eines buschfliegengeplagten Menschen – das Herumwedeln mit der flachen Hand vor dem Gesicht – wurde bald als „Aussie salute", als „australischer Gruß", ein fester Begriff im Sprachgebrauch der Australier.

Die Möglichkeiten, sich vor den nervigen Unruhestiftern zu schützen, sind relativ begrenzt. Am besten helfen noch ein Imkerhut oder ein über den Hut geschlungenes und unter dem Kinn verschnürtes Moskitonetz. So bleibt einem wenigstens das ständige Verschlucken der kleinen Nervensägen erspart. Lustig anzusehen, aber nur bedingt hilfreich sind die sogenannten Korkhüte, an deren Krempe rundherum Flaschenkorken baumeln: Sie halten nur dann die Fliegen ab, wenn die Korken ständig in Bewegung sind.

Interessant – wenn auch wenig tröstlich für den geplagten Touristen – ist, dass die Fliegenproblematik früher in vielen Landesteilen Australiens deutlich schlimmer war als heute. Das hängt mit einem Ereignis zusammen, das vor über 220 Jahren stattgefunden hat. Die ersten Siedler, die 1788 zusammen mit der sogenannten „first fleet" an Land gingen, führten nämlich die ersten Rinder ein. Dank riesiger Weideflächen und guter Zuchterfolge wuchs der australische Rinderbestand mit beachtlicher Geschwindigkeit. Aus den ursprünglichen zwei Bullen und fünf Kühen waren 1976 bereits über 30 Millionen Tiere geworden. So weit, so gut – das große Problem jedoch war ihre Verdauung. Pro Tag werden bei dieser Menge Hornträger rund 30 Quadratkilometer Weideland mit Kuhfladen überzogen, das sind jährlich fast 11 000 Quadratkilometer – eine Fläche,

> **Die australischen Mistkäfer ließen die matschigen Kuhfladen links liegen.**

die immerhin halb so groß wie Hessen ist. Unglücklicherweise hatte aber niemand beim Import des Viehs daran gedacht, auch die dazugehörigen Mistkäfer einzuführen, die in Europa emsig für den Abbau der Fladen sorgen. Die australischen Mistkäfer konnten mit Kuhfladen wenig anfangen, sie waren seit Jahrmillionen an die kleinen, trockenen Kotballen der Kängurus und anderer Beuteltiere gewöhnt. Die matschigen Ausscheidungen der Rinder dagegen ließen sie links liegen.

Den Buschfliegen wiederum waren die nicht recycelten Kuhfladen höchst willkommen, denn sie legen ihre Eier im Kot von Tieren ab, der später ihren Larven als Kinderstube und Nahrungsquelle dient. Und dafür eigneten sich natürlich der schön weiche Rinderkot deutlich besser als die harten Känguruköttel. Da nun diese vielen potenziellen Fliegenbrutstätten mangels geeigneter Käfer nicht abgebaut wurden, kam es zu einer entsetzlichen Fliegenplage.

Die Kotflut führte außerdem zu schweren Schäden in der Landwirtschaft. Kuhfladen binden nämlich nicht nur wertvolle Nährstoffe, die dem ohnehin nicht sonderlich fruchtbaren Boden vorenthalten werden, sondern bedecken diesen oft jahrelang und behindern so den Graswuchs. Auf diese Weise gingen der Viehwirtschaft jedes Jahr riesige Weideflächen verloren.

Ein Mistkäfer als Gott

Höhere Weihen, als sie der „Heilige Pillendreher" im alten Ägypten empfing, kann eine Tierart mit Sicherheit nicht erreichen: Hatte damals im Reich der Pharaonen doch dieses zur Familie der Mistkäfer gehörende Insekt den Status eines Gottes. Grund für diese auf den ersten Blick weit hergeholte Assoziation ist das ungewöhnliche Brutverhalten des Pillendrehers. Die Käfer formen nämlich nach der Paarung mit Hilfe ihrer Vorderbeine eine Kugel, die sie dann zu einem geeigneten Platz mit weichem Boden schieben und dort vergraben. Meist ist es das Männchen, das sich als Kugelschieber betätigt, während das Weibchen hinterhermarschiert oder sogar als „Passagier" auf der Dungkugel mitfährt. Am Ende der Fahrt legt das Weibchen die Eier in oder an der vergrabenen Dungkugel ab, die später den frisch geschlüpften Larven als Behausung und Nahrung dient.

Der Kugeltransport erinnerte die Ägypter an die Tätigkeit des Sonnengottes Cephre, der ihrer Vorstellung nach täglich die Sonnenscheibe von Osten nach Westen über den Himmel schiebt. So betrachtete man den emsigen Sechsbeiner als Erscheinungsform des Sonnengottes.

Mitte der 1960er Jahre war dann der fliegeninduzierte Leidensdruck so hoch, dass die CSIRO (Commonwealth Scientific and Industrial Research Organisation), Australiens staatliche Behörde für wissenschaftliche und industrielle Forschung, Gegenmaßnahmen einleitete. Nach umfangreichen Tests importierte man zwischen 1967 und 1985 vor allem aus Afrika und Südamerika insgesamt 50 verschiedene Mistkäferarten, die sich in ihren jeweiligen Heimatländern mehr oder weniger auf den Abbau von Kuhfladen spezialisiert hatten. Tatsächlich zeigte der Käferimport bereits nach wenigen Jahren Wirkung: Insgesamt 14 Mistkäferarten siedelten sich dauerhaft auf dem fünften Kontinent an und sorgten durch die Beseitigung der Kuhfladen dafür, dass die Nährstoffe wieder in den natürlichen Kreislauf gerieten, die Weiden wieder frei geräumt waren und den lästigen Buschfliegen ihre bevorzugten Brutstätten entzogen wurden.

> Der Käferimport zeigte bereits nach wenigen Jahren Wirkung: Die Mistkäfer räumten auf.

Und so geriet der australische Gruß – zumindest in einigen Landesteilen – in Vergessenheit und der Mistkäfer kam zu hohem Ansehen.

2005 wurde in zahlreichen Zeitungen auf der ganzen Welt kolportiert, die Bewohner der südaustralischen Kleinstadt Cootaburra hätten dem Mistkäfer zum Dank für seine Befreiung von der Fliegen- beziehungsweise Kuhfladenplage ein fast zehn Meter hohes Denkmal errichtet. Aber so weit geht die Liebe der Australier zu ihren neuen sechsbeinigen Mitbürgern dann doch nicht. Weder Denkmal noch eine Kleinstadt namens Cootaburra existieren – man war auf eine im Internet lancierte Falschmeldung eines australischen Witzboldes hereingefallen.

Der Autor

Dr. Mario Ludwig wurde 1957 in Heidelberg geboren. Er studierte Biologie und Sportwissenschaften. Nach Diplom (1987) und Promotion (1991) arbeitete er zunächst als Wissenschaftlicher Angestellter am Zoologischen Institut der Universität Heidelberg. Seit 1992 hat er eine leitende Funktion bei der KABS, einem in drei Bundesländern tätigen Zweckverband zur Reduktion der Stechmückenplage im Oberrheingebiet mit umweltverträglichen Mitteln. Seit 1994 ist Mario Ludwig als Sachverständiger für Schädlingsbekämpfung und Gewässergüte tätig.

Mit „Tiere auf Wohnungssuche" im Jahr 1993 begann sein Weg als Autor. Es folgten zahlreiche populäre Sachbücher und Ratgeber über Tiere und Pflanzen. Seine Bücher sind in 5 Sprachen übersetzt.

Bekannt wurde Mario Ludwig auch durch Auftritte im Fernsehen, z. B. bei Johannes B. Kerner, 3 nach 9, Frank Elstners Menschen der Woche, Galileo Mystery, Welt der Wunder oder Der Samstagabend. Darüber hinaus kommentiert er im Radio bei SWR, MDR und Deutschlandradio neue Erkenntnisse aus der Wissenschaft.

Der begeisterte Bergsteiger lebt zusammen mit seiner Frau, einer Rechtsanwältin, und seinen beiden Katzen in Karlsruhe.

Literatur

Böcker, R.; Gebhardt, H.; Konold, W.; Schmidt-Fischer, S. (Hrsg.) (1995): Gebiets-fremde Pflanzenarten. Ecomed Verlagsgesellschaft, Landsberg, 215 S.

Böhmer, H. J.; Heger, T.; Trepl, L. (2001): Fallstudien zu gebietsfremden Arten in Deutschland – Case studies on Alien Species in Germany. Texte 13, Umweltbun-desamt, 126 S.

Bundesamt für Naturschutz (Hrsg.) (2005): Gebietsfremde Arten. Positionspapier des Bundesamtes für Naturschutz. BfN-Skript 128, zusammengestellt von Frank Klingenstein, Paul M. Kornacker, Harald Martens und Uwe Schippmann; Bundes-amt für Naturschutz, Bonn, 30 S.

Bundesministerium für Land- und Forstwirtschaft, Umwelt und Wasserwirtschaft (Hrsg.) (2005): Aliens. Neobiota in Österreich. Böhlau Verlag, Wien-Köln-Wei-mar, 283 S.

Coates, P. (2007). American Perceptions of Immigrant and Invasive Species: Stran-gers on the Land. University of California Press, 266 S.

Cox, G. W. (1999): Alien species in North America and Hawaii. Island Press, 344 S.

DAISIE (2009): Handbook of alien species in Europe. Springer, Dordrecht, 400 S.

Elton, C. (2000): The Ecology of Invasions by Animals and Plants. University of Chicago Press, 197 S.

Essl, F.; Rabitsch, W. (2002): Neobiota in Österreich. Umweltbundesamt Wien, Wien, 432 S.

Gebhardt, H.; Kinzelbach, R.; Schmidt-Fischer, S. (Hrsg.) (1996): Gebietsfremde Tierarten. Ecomed Verlag. Ecomed Verlagsgesellschaft, Landsberg, 314 S.

IUCN (2000): 100 of the World's worst invasive Alien Species. A Selection from the global invasive species database. Invasive Species Specialist Group, 11 S.

Kegel, B. (2001): Die Ameise als Tramp. Heyne Verlag, München, 420 S.

Klingenstein, F.; Otto, C. (2008): Zwischen Aktionismus und Laisser-faire: Stand und Perspektiven eines differenzierten Umgangs mit invasiven Arten in Deutsch-land. – Natur und Landschaft, 83, 9/10, S. 407–411.

Kowarik, I. (2003): Biologische Invasionen. Neophyten und Neozoen in Mittel-europa. Verlag Eugen Ulmer, Stuttgart, 380 S.

Kowarik, I. (2008): Bewertung gebietsfremder Arten vor dem Hintergrund unter-schiedlicher Naturschutzkonzepte. Natur und Landschaft 83, 9/10, S. 402–406.

Low, T. (2000): Feral Future. The untold story of Australia's exotic invaders. Pengu-in Books Australia, Ringwood, 394 S.

Ludwig, M.; Gebhard H.; Ludwig H. W.; Schmidt-Fischer, S. (2000): Neue Tiere & Pflanzen in der heimischen Natur. Einwandernde Arten erkennen und bestim-men. BLV, München, 128 S.

Nentwig, W. (2007): Neozoen – Warum es wichtig ist, gebietsfremde Tierarten zu bekämpfen. Naturwissenschaftliche Rundschau 60(11), S. 565–572.

Reinhardt, F.; Herle, M.; Bastiansen, F.; Streit, B. (2003): Economic Impact of the Spread of Alien Species in Germany. Texte 80, Umweltbundesamt, 229 S.

Van Driesche, J.; Van Driesche, R. (2004): Nature Out of Place: Biological Invasions In The Global Age. Island Press, 377 S.

Register

Bildquellen

Juniors Bildarchiv: Umschlagfoto vorne; Helmuth Flubacher: Karte 4/5.
Arco Digital Images/Auscape/Jean-Paul Ferrero: 166, 167; Dr. Heiko Bellmann: 68, 72 oben, 86 oben, 92; Blickwinkel/J. Kottmann: 78; Blickwinkel/F. Poelking: 134; Botanikfoto/Steffen Hauser: 13, 113 oben; Calvin.edu: 65; emer/Fotolia.com: 8; Fotonatur.de/Holger Duty: 42; Fotonatur.de/Steffen Schellhorn: 82; Frank Hecker: 24, 40, 71, 98, 146; guentermanaus/Fotolia.com: 11; imago/Reinhard Kurzendörfer: 113 unten; I Stockphoto/John Carnemolla: 162/163; © Stockphoto/Melinda Fawver: 14; © Stockphoto/Mike Grindley: 37; © Stockphoto/Nico Smit: 152/153; © Stockphoto/Duncan Walker: 31; © Stockphoto/Clark Wheeler: 13; © Stockphoto/Kenneth C. Zirkel: 56; Juniors Bildarchiv: 18, 46; Xaver Klaußner/Fotolia.com: 6; Dr. Mario Ludwig: 180; Naturfoto-cz/Jiri Bohdal: 16; Photolibrary/Ajay Desai: 131; Photolibrary/Alaskastock: 104/105; Photolibrary/David M. Dennis: 156 oben; Photolibrary/Santiago Fdez Fuentes: 130; Wikimedia Commons: 86 unten, 156 unten; Alex Wild: 140; Zoonar/Manfred Delpho: 29; Zoonar/Heinz-Dieter Falkenstein: 118; Zoonar/Himmelhuber: 72 unten; Zoonar/H Landshoeft. 77, Zoonar/Jens Nieswandt: 52/53; Zoonar/Naturfoto-Weise: 172; Zoonar/Wolfgang Poelzer: 125; Zoonar/Walter Rieck: 109; Zoonar/Ralf Weise: 34; Zoonar/Wellingsche: 62

Haftungsausschluss

Impressum

Bibliografische Information der Deutschen Nationalbibliothek
Die Deutsche Nationalbibliothek verzeichnet diese Publikation in der Deutschen Nationalbibliografie; detaillierte bibliografische Daten sind im Internet über http://dnb.d-nb.de abrufbar.

© 2010 Eugen Ulmer KG
Wollgrasweg 41, 70599 Stuttgart (Hohenheim)
E-Mail: info@ulmer.de
Internet: www.ulmer.de
Umschlagentwurf, Innenlayout und dtp: Lohse Design, Büttelborn
Lektorat: Christine Schneider, Ina Vetter
Reproduktion: Medienfabrik, Stuttgart
Druck und Bindung: fgb Freiburger Grafische Betriebe, Freiburg
Printed in Germany

ISBN 978-3-8001-6947-4

Raus in die Natur

Dieses Erlebnis-Buch bietet unzählige Ideen für Eltern, Großeltern und Pädagogen, wie sie mit Kindern unsere Natur entdecken, erleben, schützen und von ihr lernen können. Nebenbei erfährt man eine Menge über unsere Pflanzen und Tiere.

Das große Naturerlebnisbuch.

F. Hecker, K. Hecker. 2009.
144 S., 302 Farbf., Integralband,
ISBN 978-3-8001-5486-9.

In diesem handlichen Naturführer finden sich über 200 Fußabdrücke, Nester, Fraßspuren, Kratz- und Kampfspuren sowie weitere Hinterlassenschaften zusammen mit ihrer Geschichte. Mit Tipps zum Sammeln und Dokumentieren. Ein spannender Ratgeber für Naturfreunde.

Tierspuren.

K. Richarz. 2006. 192 S., 280 Farbf.,
60 Strichzeichn., Klappenbroschur.
ISBN 978-3-8001-4891-2.

Ganz nah dran.

Erleben Sie die schönsten Seiten der Natur

Säugetiere einfach und zuverlässig bestimmen – das ist ganz leicht mit dem Steinbach Naturführer. Fotos aus dem natürlichen Lebensraum, Detailzeichnungen, Verbreitungskarten und Fotos von Verwechslungsarten erleichtern die Unterscheidung.

Steinbachs Naturführer Säugetiere.

Entdecken und erkennen. Klaus Richarz. 3., überarbeitete Aufl. 2010. 192 S., 146 Verbreitungskarten, 315 Farbf., 190 Zeichn., kart. + PVC-Hülle, ISBN 978-3-8001-5932-1.